教育部人文社会科学研究规划基金项目（项目批准号20YJAZH074）

基本公共教育服务均等化视角下
——农村居民幸福感提升路径研究

罗 哲　单学鹏　曾金晶　
张云具　陈威良　段海英

四川大学出版社
SICHUAN UNIVERSITY PRESS

图书在版编目（CIP）数据

基本公共教育服务均等化视角下农村居民幸福感提升路径研究／罗哲等著．— 成都：四川大学出版社，2022.8

ISBN 978-7-5690-5688-4

Ⅰ．①基… Ⅱ．①罗… Ⅲ．①农民－幸福－研究－中国 Ⅳ．① D422.7

中国版本图书馆 CIP 数据核字（2022）第 180130 号

书　　名：基本公共教育服务均等化视角下农村居民幸福感提升路径研究
　　　　　Jiben Gonggong Jiaoyu Fuwu Jundenghua Shijao xia Nongcun Jumin Xingfugan Tisheng Lujing Yanjiu
著　　者：罗　哲　单学鹏　曾金晶　张云具　陈威良　段海英

选题策划：徐丹红
责任编辑：徐丹红
责任校对：曹雪敏
装帧设计：何东琳
责任印制：王　炜

出版发行：四川大学出版社有限责任公司
　　　　　地址：成都市一环路南一段 24 号（610065）
　　　　　电话：（028）85408311（发行部）、85400276（总编室）
　　　　　电子邮箱：scupress@vip.163.com
　　　　　网址：https://press.scu.edu.cn
印前制作：四川胜翔数码印务设计有限公司
印刷装订：四川盛图彩色印刷有限公司

成品尺寸：170 mm×240 mm
印　　张：9.75
字　　数：185 千字

版　　次：2022 年 9 月 第 1 版
印　　次：2022 年 9 月 第 1 次印刷
定　　价：46.00 元

本社图书如有印装质量问题，请联系发行部调换

版权所有 ◆ 侵权必究

四川大学出版社
微信公众号

前　言

"百年大计，教育为本"，习近平总书记立足于世界百年未有之大变局和中华民族伟大复兴的战略全局，提出了一系列关于教育发展的新理念新观点，即习近平总书记关于教育的一系列重要论述，形成了新时代中国特色社会主义教育理论体系。习近平总书记关于教育特别是关于基本公共教育服务的重要论述，内涵丰富，对于发展和完善中国基本公共教育服务体系具有十分重要的理论意义和实践价值。

我国是一个农业大国。农村居民占我国总人口的比例较大，是乡村振兴事业的重要着眼点。共同富裕是中国特色社会主义的最终目标，要实现这一目标，既要关注农村居民的稳定增收，又要关注农村居民的多元化物质和精神需求。2021年习近平总书记在广西考察时指出："让人民生活幸福是'国之大者'。"在全面推进乡村振兴的背景下，需要在新的起点上持续发力，推动农村居民的获得感和幸福感得到实质性提升。

农村居民幸福感的提升是一个长期和动态化的过程，需要从多个方面着力。基本公共服务作为农村居民最为直接获得的公共服务，对其获得感和幸福感的提升有着直接的影响。基本公共教育服务是基本公共服务的重要组成部分，对于农村居民的获得感和幸福感作用大，影响深。有鉴于此，笔者选择基本公共教育服务作为农村居民幸福感提升的关键点，采用多种研究方法对基本公共教育服务和农村居民幸福感之间的动态关联进行深入探究。

本书共有八章，对农村居民幸福感和基本公共教育服务供给之间的关系进行了探讨，并尝试对基本公共教育服务与农村居民幸福感提升之间的关系进行了综合性研究，在一定程度上验证了基本公共教育服务与农村居民幸福感之间的正向关系以及在不同情境和环境下的表达差异，为农村基本公共教育服务的投入供给设计了一条新的路径。在新发展格局下，农村居民收入增加和幸福感提升是一个动态的过程，需要在政策设计过程中统筹兼顾和精准施策。

罗　哲

2021年12月10日于成都

目 录

第一章 绪 论 ………………………………………………………（ 1 ）
  第一节 研究背景与研究缘起 ……………………………………（ 1 ）
  第二节 研究内容与研究意义 ……………………………………（ 6 ）
  第三节 研究思路与研究方法 ……………………………………（ 9 ）
  第四节 主要创新点 ………………………………………………（ 13 ）

第二章 农村居民幸福感研究的基础理论 ………………………（ 15 ）
  第一节 基本概念与内涵 …………………………………………（ 15 ）
  第二节 理论基础与测评工具 ……………………………………（ 26 ）
  第三节 农村居民幸福感探因 ……………………………………（ 36 ）

第三章 基本公共教育服务与农村居民幸福感：演进脉络 ……（ 42 ）
  第一节 基本公共教育服务发展历史概貌 ………………………（ 43 ）
  第二节 当前研究现状 ……………………………………………（ 54 ）
  第三节 本章小结 …………………………………………………（ 66 ）

第四章 研究框架设计 ……………………………………………（ 69 ）
  第一节 研究目标 …………………………………………………（ 70 ）
  第二节 研究要点 …………………………………………………（ 71 ）
  第三节 研究重点与难点 …………………………………………（ 73 ）
  第四节 研究理论支撑 ……………………………………………（ 75 ）
  第五节 研究理论框架 ……………………………………………（ 80 ）
  第六节 本章小结 …………………………………………………（ 85 ）

第五章 案例研究 …………………………………………………（ 86 ）
  第一节 案例简介与资料收集 ……………………………………（ 87 ）
  第二节 案例回溯 …………………………………………………（ 88 ）

第三节　本章小结……………………………………………………（94）

第六章　调查实验研究设计………………………………………………（96）
　　第一节　调查实验方法………………………………………………（96）
　　第二节　调查实验设计………………………………………………（101）
　　第三节　调查实验过程………………………………………………（107）
　　第四节　本章小结……………………………………………………（108）

第七章　实证分析和结果讨论……………………………………………（109）
　　第一节　问卷基本情况………………………………………………（109）
　　第二节　假设检验……………………………………………………（116）
　　第三节　研究结论、理论意义和实践启示…………………………（118）
　　第四节　本章小结……………………………………………………（122）

第八章　提升农村居民幸福感的政策建议………………………………（124）
　　第一节　发挥教育规划引领作用，夯实幸福感制度基础…………（124）
　　第二节　发挥体系资源配置作用，奠定幸福感物质基础…………（127）
　　第三节　发挥制度权利保障作用，强化幸福感支撑基础…………（129）
　　第四节　发挥教育模式育人作用，丰富幸福感现实体验…………（131）
　　第五节　发挥教育评估监测作用，研判幸福感提升方向…………（133）
　　第六节　发挥教育主体互动作用，深化幸福感总体认知…………（135）
　　第七节　发挥教育改革驱动作用，助力幸福感持续提升…………（137）

附　录　调查实验问卷设计………………………………………………（141）
后　记………………………………………………………………………（147）

第一章 绪 论

第一节 研究背景与研究缘起

一、研究背景

(一) 理论背景

幸福是人类发展过程中的一个重要话题,在历史上受到哲学、心理学、经济学与社会学等学科的广泛关注。幸福感作为衡量居民生活质量的重要指标,已经具备了较为成熟的研究基础。现有研究从幸福感的定义、测量与影响因素等多个角度分析,深刻揭示了幸福感的内在结构与影响机制。纵观学界的理论成果,主要讨论了两大类影响幸福感的因素:一类是基于人口学特征的个体因素,包括个人年龄、性别、政治面貌、健康状况、婚姻状况、职业、收入、社会地位和心理特征等;另一类是基于外部环境的干预因素,包括国民经济、财政支出、食品安全、环境质量、民生保障和公共服务等。相对而言,针对外部干预因素的研究较少,尤其从公共服务角度展开幸福感探讨的研究更少。

按照新古典经济学的观点,公共物品由于具备"非排他性"与"非竞争性"的特点,会导致市场失灵,所以需要由政府提供以确保实现效用最大化。而关于公共物品"有效提供"的标准,则可以通过公共物品数量的帕累托最优来判断。[①] 政府提供公共物品的目的就在于实现帕累托最优,促进社会福利的最大化,这也构成了公共服务的核心内容。政府通过提供有形或无

---

① 张琦. 公共服务中政府与市场的关系——基于经济思想史的考察 [J]. 学术研究,2018 (8):106−114.

形的公共物品，履行其公共服务职能。政府服务的公共性表现为两个方面：一是制度规则的"非排他性"，确保受益范围的全覆盖，使所有公民平等享有获得公共服务的机会；二是供给水平的"非竞争性"，确保公共服务的均等化，使所有公民无差别地获得相同或相近水平的公共服务。[1] 由此来看，公共服务的提供水平与社会福祉息息相关，将影响广大社会群体，并对其幸福感产生影响。

在现有研究中，已有不少学者从财政的角度探讨了公共支出对幸福感的影响。从群体对象来看，公共支出对农村居民的幸福感影响最大。由于这部分群体的消费水平较低，他们将更加依赖于政府的公共支出。[2] 从支出类型来看，公共文化支出、公共教育支出、社会保障支出等均对幸福感具有显著影响。其中，教育通过提高个人收入水平、提供更好的工作机会对个人身心健康、婚姻家庭与社会网络等产生积极影响，并通过提高国家的生产效率、促进民主与减少收入分配不公，改善人们的主观幸福感。[3] 公共教育支出作为一项重要的福利支出，将通过多种渠道增进社会福利、改善民生福祉。为此，有必要关注与教育相关的公共服务所发挥的重要作用，以便进一步丰富幸福感影响因素的研究成果。

此外，现有研究在探讨社会群体幸福感时常常局限于城市地区，对农村居民的关注不足。相关研究发现，农村居民主观贫困状况较为严峻，并存在地区非均衡、婚姻差异、受教育程度分化等特征。[4] 因此，农村居民幸福感的提升仍面临许多挑战，需要寻找符合其群体特征的提升路径。尤其是要从公共服务均等化的角度出发，观察其人力资本与社会资本状况，把握其幸福感提升的重点与难点。

（二）现实背景

"民为邦本，本固邦宁"。中国共产党从成立之日起，就坚持把为中国人民谋幸福、为中华民族谋复兴作为初心使命，团结带领中国人民为创造自己的美

---

[1] 童光辉. 公共物品概念的政策含义——基于文献和现实的双重思考 [J]. 财贸经济，2013 (1)：39-45.

[2] 胡洪曙，鲁元平. 公共支出与农民主观幸福感——基于CGSS数据的实证分析 [J]. 财贸经济，2012 (10)：23-33, 122.

[3] 余英. 教育如何影响幸福——教育、公共教育支出与主观幸福的研究进展 [J]. 北京大学教育评论，2014 (3)：105-120, 192.

[4] 梁土坤. 扶贫政策对农村主观贫困的影响机制研究 [J]. 中国行政管理，2020 (11)：106-116.

第一章 绪 论

好生活进行了长期艰辛奋斗。① 自新中国成立以来,历届党和国家领导人始终将维护最广大人民群众的根本利益放在首位,高度重视民生工程建设,在促进经济发展的同时深化教育、医疗、住房和养老等领域的改革,切实保障了人民群众的生存与发展权益。党的十八大以来,以习近平同志为核心的党中央积极践行"以人民为中心"的发展思想,不断调整和完善收入分配制度,充分发挥税收、社会保障和转移支付等再分配调节机制的作用,提高低收入人群收入水平、扩大中等收入人群规模、调节高收入者收入,持续缩小收入差距,维护人民群众获得感与幸福感。在党中央的坚强领导下,全面小康社会如期建成,人民生活水平不断提升,综合国力稳步增长。

习近平总书记指出,江山就是人民,人民就是江山,打江山、守江山,守的是人民的心。② 迈向新征程,必须坚持全心全意为人民服务的宗旨,确保人民群众共享发展成果,切实增强人民获得感与幸福感。我国农村收入不高的家庭,在不同区域和不同行业的群体中处于不同的发展情境,因而具有不同的群体特征与生存发展需求。在众多社会群体中,收入较低的农村居民因其物质资本与人力资本有限,在社会交往与资源分配中往往处于弱势地位,其幸福感水平相对较低。特别是农村收入不高的家庭,其成员普遍表现出受教育程度偏低、劳动力素质不高、收入不稳定、消费入不敷出且层次较低等特点,呈现较高的脆弱性。③ 因此,农村居民对收入差距较为敏感,所获得的社会支持不足,缺乏相对稳定的物质基础与精神支撑。要实现共同富裕,首先就要重视改善农村居民的生活现状。

当前,我国社会主要矛盾已经转化为人民日益增长的美好生活需要和不平衡不充分的发展之间的矛盾,发展中的矛盾和问题集中体现在发展质量上。这就要求我们必须把发展质量问题摆在更为突出的位置,着力提升发展质量和效益。④ 高质量的经济与社会发展需充分彰显创新、协调、绿色、开放、共享的新发展理念,持续深化供给侧结构性改革,处理好城乡关系、工农关系,努力缩小城乡区域发展与收入差异。特别是在农村地区,要做好脱贫攻坚向乡村振兴的平稳过渡,就必须高度重视乡村治理,切实推进乡村基

---

① 习近平. 在全国脱贫攻坚总结表彰大会上的讲话 [N]. 人民日报,2021-02-26 (2).
② 习近平. 庆祝中国共产党成立 100 周年大会上的讲话 [N]. 人民日报,2021-07-02 (2).
③ 沈冰清,郭忠兴. 新农保改善了农村低收入家庭的脆弱性吗?——基于分阶段的分析 [J]. 中国农村经济,2018 (1):90-107.
④ 习近平. 关于《中共中央关于制定国民经济和社会发展第十四个五年规划和二〇三五年远景目标的建议》的说明 [N]. 人民日报,2020-11-04 (2).

础设施建设与产业发展,加快补齐农村发展和民生短板,促进农村农业现代化。

在众多的民生工程中,基本公共服务体系建设属于基础与核心工程。基本公共服务保障了人民最基本的生存权与发展权,是实现人的全面发展的前提。为更好地提高人民获得感与幸福感,必须深入推进基本公共服务均等化,确保人人享有可获得基本公共服务的机会。相比而言,农村地区的基本公共服务仍然存在不少薄弱环节,一方面是基层的基础教育和医疗卫生人才紧缺,另一方面是学校、医院和养老院等场所的设备与配套设施不足。为此,需要建立健全城乡基本公共服务均等化体制机制,推动公共服务向农村延伸、社会事业向农村覆盖。[①] 其中,基本公共教育服务对人的成长与发展具有重要意义,对提升农村居民的人力资本、增加其社会资本具有重要作用。推进城乡基本公共教育服务均等化,既是深化义务教育改革的基本目标,也是维护农村居民特别是经济收入较低群体获得感与幸福感的重要举措,需要给予重点关注。

二、研究缘起

(一)农村居民幸福感困境

幸福感是人对自身处境的一种主观体验,受许多因素的影响。提升主观幸福感不仅是个人追求,也是社会主义国家的重要任务。新中国成立以来,在党的坚强领导下,我国不断解放和发展生产力,人民的生活水平得到显著提升。特别是改革开放以来,我国经济飞速发展,现已成为世界第二大经济体。经济的增长固然改善了居民的生活条件,对提升居民幸福感起到了关键作用。但与此同时,"收入-幸福感悖论"的存在表明收入并不是影响幸福感的唯一要素。在经济社会发展到一定水平后,收入对幸福感的影响将会减弱,其余因素将发挥更加重要的作用,这迫切要求探寻新的幸福感提升路径。

相关研究表明,与城市居民相比,农村居民幸福感总体处于较低水平。[②] 尽管经济的快速发展增加了农村居民的收入,满足了其基本物质需求,但对更高质量生活的追求催生出了其对教育、医疗、养老、就业和住房

[①] 习近平. 把乡村振兴战略作为新时代"三农"工作总抓手[J]. 社会主义论坛,2019(7):4—6.

[②] 熊彩云,孟荣钊,史亚峰. 我国农民幸福指数的实证研究[J]. 农业经济问题,2014(12):33—40,110.

等多方面的需求，从而减弱了收入增长对其幸福感的提升。其中，收入较低的农村居民在经济收入上处于不利地位，在社会资本获取上也处于劣势，其分享社会发展成果的机会不足，因此幸福感水平也处于农村居民的中下位置，存在较大的提升难度与改善空间。提升这部分群体幸福感，增加其经济收入是前提，但更为重要的是改善其人力资本、物质资本与社会资本，通过资源优化配置为其赋能增效。

总体而言，农村居民的幸福感面临以下三方面的困境。一是从横向上看，农村居民在资源获得中处于劣势，其对社会公平的体验感普遍较差，对自身的生活满意度较低。二是从纵向上看，农村居民的境况改善较为缓慢，其福利水平普遍较低，自身的长远发展缺乏有效保障。三是从预期上看，农村居民对未来发展缺乏信心，对个人社会地位改变的预期较低，较容易产生挫败感。因此，提升农村居民幸福感并不能单纯依靠收入改善，而是需要结合该群体的一般特征，重视其生存与发展权益保障，帮助其更好地融入社会，分享社会发展成果。这需要我们深入探讨其幸福感构成及影响因素，创新幸福感提升路径。

（二）基本公共教育服务均等化要求

教育是影响幸福感的一个重要变量，对幸福感产生直接与间接影响。一方面，教育有助于塑造人的心理特质，改变个体对事物的认知能力与思维模式，改善个人的心理健康状况，进而影响个体的主观幸福感。另一方面，教育增加了个体的人力资本，改变了个体的收入与社会地位，丰富了个体的社会资本，从而提升主观幸福感。因此，教育对提升主观幸福感发挥着重要作用，改进教育质量、实现教育公平，有助于促进人的全面发展。总体来看，教育是一项重要的民生工程，在社会主义现代化建设进程中，发展高质量教育是经济社会发展的必然要求。其中，推进基本公共教育服务均等化是一项重要任务，有助于实现城乡义务教育均衡发展，从而提升城乡居民幸福感。

基本公共教育服务均等化的实质在于确保城乡居民得到更加均等的受教育机会，享受更加公平的教育资源。相比而言，城市的基本公共教育服务资源更加优质和便捷，许多中小学不仅拥有雄厚的师资力量，也具备更好的教学环境和教学条件，吸引了大批优质生源。而农村地区的中小学则在办学规模、办学资金与教学队伍等方面均处于劣势，因此对于农村居民而言，其享受的服务质量与资源数量均远远不及城市。加快基本公共教育服务改革，推动更多优质资源在城乡之间共享，有助于改善城乡居民的教育福利，缩小城乡居民在教育上的差距，构筑和谐有序的社会关系。

党的十九大报告指出，要"推动城乡义务教育一体化发展，高度重视农村义务教育，办好学前教育、特殊教育和网络教育，普及高中阶段教育，努力让每个孩子都能享有公平而有质量的教育"①。均等化是确保城乡义务教育一体化发展的前提，是实现教育公平的根本举措。对于刚刚脱贫的农村地区而言，保持优质教育资源的输送与配置是防止返贫致贫的关键因素。只有接受足够的教育，才能提高农村居民的自我发展能力，全面提升其人力资本、物质资本与社会资本。为此，需要探讨如何更加深入和有效地推进基本公共教育服务均等化，以及不同均等化措施的影响效果，以便更好地深化教育改革。

第二节 研究内容与研究意义

一、研究内容

（一）识别农村居民幸福感提升的关键要素

基于前期的文献研究与理论梳理，首先通过对农村居民幸福感进行综合调查，明确基本公共教育服务均等化的不同构成要素对农村居民幸福感提升的影响作用。然后通过分类探讨财政投入均等化、师资队伍均等化、办学条件均等化与教育质量均等化等方面内容对农村居民主观幸福感的具体影响，确定不同基本公共教育服务均等化构成要素作为自变量对幸福感这一因变量的影响程度。在此基础上，构建影响农村居民幸福感的基本公共教育服务构成要素的识别机制，扩充基本公共教育服务均等化内容，充分发挥基本公共教育服务在提升农村居民幸福感和获得感过程中的重要作用。

（二）提出农村居民幸福感提升的理论框架

立足国内外学界的相关研究，重点探讨基本公共教育服务与农村居民幸福感的联系。现有关于农村居民幸福感的研究主要将视角集中于人口学特

---

① 习近平. 决胜全面建成小康社会　夺取新时代中国特色社会主义伟大胜利——在中国共产党第十九次全国代表大会上的报告［EB/OL］.（2017-10-27）［2021-10-12］. http：//www.xinhuanet.com//politics/19cpcnc/2017-10/27/c_1121867529.html.

征、社会经济及部分心理因素方面，通常探讨社会地位、文化程度、收入状况和互联网等要素对幸福感的影响。其中，对基本公共服务特别是基本公共教育服务的关注相对较少，部分成果仅限于讨论其与农村居民幸福感之间的相关关系，缺少对二者因果关系及作用机制的研究。基于上述背景，本书将在系统梳理国内外现有研究成果的基础上，对基本公共教育服务影响中国农村居民幸福感这一过程进行理论建构，深入剖析基本公共教育服务均等化的不同维度对农村居民幸福感的作用路径，提出基本公共教育服务与农村居民幸福感的互动模型，并就基本公共教育服务均等化改善农村居民幸福感进行假设检验，从而提高理论解释效力。

（三）概括农村居民幸福感提升的实施路径

在系统调研的基础上，精准定位农村居民主观幸福感认知路径方向和影响因素。从政策环境和主客体分析、政策方案规划、政策方案评估和政策方案选定四个方面研究基本公共教育服务均等化政策优化路径，重点聚焦城乡、人群、区域间基本公共教育服务均等化的系统性政策体系。针对"如何满足农村居民的主观期望"这一问题，优化基本公共教育服务均等化对目标群体幸福感提升的意愿匹配。针对"如何提升农村居民的主观感知"这一问题，优化基本公共教育服务均等化对目标群体的实际效用。

二、研究意义

（一）理论意义

1. 探讨基本公共教育服务均等化对幸福感的影响效应

近年来，幸福感已经成为心理学、经济学和社会学等学科的研究热点，研究人员对人口学特征、经济收入与社会资本等因素对幸福感的作用已经做过大量探讨，但从基本公共服务均等化视角出发的研究仍显不足。公共服务是政府的一项重要职能，基本公共服务则是其中最为基础的部分。如何通过推进城乡基本公共服务均等化保障公民的生存权与发展权，满足其最基本的生活需要，确保公民共享发展成果，是践行以人民为中心的发展理念的基本要求。因此，基本公共服务均等化具有良好的民生保障效应，将会影响居民对日常生活质量的认知，进而改变居民的主观幸福感。本书将从基本公共服务均等化视角入手，探讨基本公共教育服务均等化水平对农村居民幸福感的影响，这不仅拓展了幸福感的研究视角，也丰富了农村居民幸福感的理论研究。

2. 探寻基本公共教育服务均等化影响农村居民幸福感的作用机制

现有关于基本公共教育服务均等化的研究多聚焦于对其影响因素、绩效评价与优化策略的研究,即围绕如何促进基本公共教育服务均等化这一核心命题进行分析,主要是对其相关前因变量的研究,而对其结果变量的探讨相对不足。因此,本书将基本公共教育服务均等化作为前因变量,以农村居民幸福感为结果变量,结合政治学、管理学、心理学和社会学等不同学科理论,系统回答基本公共教育服务均等化如何影响农村居民幸福感这一问题。本书将在案例研究的基础上进行实证分析,通过开展案例分析和调查实验,进一步扩展基本公共教育服务均等化相关研究的应用,实现基本公共服务均等化研究与幸福感研究的有机结合。

(二)现实意义

1. 助力我国乡村振兴战略的全面实施

乡村振兴战略是党中央推进农业农村现代化的一项重要举措,是新时代解决"三农"问题的根本遵循。农业农村农民问题是关系国计民生的根本性问题,没有农业农村的现代化,就没有国家的现代化。农业强不强、农村美不美、农民富不富,决定着亿万农民的获得感和幸福感,决定着我国全面小康社会的成色和社会主义现代化的质量。[①] 因此,在建设社会主义现代化强国的进程中,必须深入贯彻落实乡村振兴战略,推动农业农村优先发展,持续拓展农民收入来源,满足农村居民对美好生活的向往。总体来看,实现产业兴旺、生态宜居、乡风文明、治理有效、生活富裕是乡村振兴的基本要求,实现农民共同富裕是乡村振兴的出发点与落脚点,促进城乡融合发展是乡村振兴的重要目标。

探究基本公共教育服务均等化对农村居民幸福感的影响,不仅有助于推动农村地区基本公共教育服务均等化,促进农村教育事业的稳步发展,更有利于探寻农村居民幸福感提升的现实路径,激发农村居民的积极性、主动性与创造性。经过逻辑推演与实证检验,本书将聚焦农村民生保障和改善,为增进农村居民福祉提供方向指引;立足供给侧结构性改革,为实现乡村振兴找准痛点难

---

① 新华网. 中央农村工作会议在北京举行 习近平作重要讲话[EB/OL]. (2017-12-29) [2021-10-12]. http://www.xinhuanet.com/politics/2017-12/29/c_1122187923.html.

点；围绕教育公平的实现，为促进城乡基本公共教育服务均等化出谋划策。这一系列研究成果都有助于为乡村振兴战略的全面实施提供具有可操作性与针对性的建议，从而更加有效地解决农村居民所面临的现实问题。

2. 探索提升我国农村居民幸福感新的实践路径

2021年李克强总理在《政府工作报告》中指出，"十四五"时期要持续增进民生福祉，扎实推动共同富裕。坚持尽力而为、量力而行，加强普惠性、基础性、兜底性民生建设，制定促进共同富裕行动纲要，让发展成果更多更公平惠及全体人民。^① 当前，我国正处于从全面建成小康社会迈向社会主义现代化强国的新阶段，需要加快补齐民生保障短板，切实解决区域发展差异和城乡收入差距等现实问题，促进人的全面发展。提高农村居民幸福感，不仅要通过多途径增加其现实收入，夯实其物质基础；更要通过加强基本公共服务供给强化其资源使用，保障公民权益。其中，基本公共教育服务对个人发展具有关键影响，需要给予高度重视。

本书将结合具体案例的分析探讨，系统概括基本公共教育服务均等化的各个方面，包括财政资金投入、师资力量配备、义务教育质量、办学基础条件等对幸福感的影响，以便引入幸福感提升的新视角，为切实补齐农村民生事业短板提供针对性的政策建议。具体而言是在分析中将基本公共教育服务均等化作为影响农村居民幸福感的重要变量，通过设置不同均等化水平的基本公共教育情景干预，识别其对幸福感影响的具体作用路径，从而为提升我国农村居民幸福感找到新的实践路径。

第三节 研究思路与研究方法

一、研究思路

本书综合运用文献计量、案例研究、调查实验、定量分析等多种具体的研究方法，在幸福感相关理论的基础上，构建基本公共教育服务影响农村居民幸福感的机理机制，探讨基本公共教育服务均等化视角下提升农村居民幸

---

① 李克强. 政府工作报告——2021年3月5日在第十三届全国人民代表大会第四次会议上 [EB/OL]. （2021-03-05）[2021-10-12]. http://www.gov.cn/guowuyuan/zfgzbg.html.

福感的可行路径。总体来看，本书的基本思路如下：以提升农村居民幸福感、推动乡村振兴战略全面落地、提高城乡基本公共服务均等化水平为研究目的，以农村居民幸福感测量及影响因素解析为研究内容，以基本公共教育服务均等化为提升路径，综合运用管理学、心理学和社会学等多学科的理论及方法，探究提升农村居民幸福感的基本公共教育服务均等化路径。

首先，本书立足于现有幸福感与基本公共服务相关理论，系统梳理基本公共教育服务与主观幸福感之间的联系。借助于文献计量方法，全面分析基本公共服务和幸福感领域的研究成果，对国内外相关学术史进行系统回顾。在此基础上，充分借鉴国内外学者的理论观点，对基本公共服务均等化与主观幸福感的概念界定、测量方法和影响因素等内容进行系统阐述，以便从理论上提供二者互动关系的解释机制。其次，本书借助于案例分析与调查实验两种方法，选择四川省部分区域的农村展开实地调研和问卷调查。在了解当地基本公共教育服务现状及变迁历程的背景下，针对农村居民幸福感的变化及内在原因进行深度探究。一方面，通过案例分析方法，在实景场域中归纳总结基本公共教育服务均等化对农村居民幸福感的影响机理；另一方面，依靠调查实验方法，对不同干预条件下农村居民幸福感的差异寻求基本公共教育服务均等化视角的解释。最后，基于对多种变量之间相关关系的验证，本书围绕基本公共教育服务的供给方式、供给规模、供给质量与均等化水平，提出基本公共教育服务均等化视角下提升农村居民幸福感的可行路径。

二、研究方法

（一）文献计量法

文献计量法采用定量方法来描述、评价和监测已发表的研究，以便于引入一个系统的、透明的和可重复的审查过程，有助于提高文献审查的质量。[①] 使用文献计量法，有助于探索研究领域中的重要知识节点，识别现有文献的外部特征，概括现有研究的演进规律，以便更加准确地把握该领域研究的发展动态。为全面展示现有农村居民幸福感研究的知识结构，本书通过关键词的年代变化和高被引文献的内容变化，深入剖析农村居民幸福感研究的历史脉络、热点前沿与发展趋势。在此基础上，系统梳理幸福感的测量模型与影响因素，充

---

① Zupic I, Cater T. Bibliometric methods in management and organization [J]. Organizational Research Methods, 2015（3）：429-472.

第一章　绪　论

分借鉴前人的研究经验,为问卷设计与机理分析提供依据。

(二)案例研究法

案例研究法是一种对代表性案例进行深入考察,并通过归纳和演绎得出一般性规律的科学分析方法。本书选取四川省部分区域的典型乡镇作为个案,通过对政府部门和农村居民的定性访谈,深入乡镇收集相关资料,对比乡村情境中的基本公共教育服务供给与需求情况,全面概括和分析基本公共教育服务的不同均等化水平带来的幸福感效应差异。通过实地感知与案例回溯,一方面纵向深入探讨基本公共教育服务在农村地区的动态变化情况与所带来的影响;另一方面横向解读其与农村不同群体幸福感的多元互动路径,并结合多方资料联合印证,提高论证的有效性。

(三)调查实验法

调查实验法是一种推断因果关系的有效方法,结合了实验的内部有效性和代表性调查的外部有效性,有助于克服调查研究的信息失真与因果关系缺失等弊端。为了解真实世界的信息效应,调查实验操纵呈现给调查对象的信息,并比较分配给不同信息条件的对象的反应。[1] 研究者可根据研究需要设计最合适的信息操纵方式,比如在回答问题前让受访者观看一组照片、播放一段视频、提供一组附加信息等[2]。借助于调查实验法,本书通过在问卷中展示不同基本公共教育服务均等化水平的文本描述实施干预,以评估对基本公共教育服务均等化水平的不同认知是否会影响农村居民的幸福感。整个调查实验包括以下步骤:建立研究假设、进行实验设计、选择实验对象、设置干预情境、比较各组差异、分析实验结果。

(四)定量分析法

定量分析法是一种分析社会现象数量特征与数量变化规律的实证研究方法,通过构建数理模型以检验多个变量之间的数量关系。本书以基本公共教育服务均等化水平为自变量,以农村居民幸福感为因变量,以性别、年龄、受教育程度、婚姻状况、健康状况、政治信任和社会资本为协变量,构建起基本公

---

[1] Dafoe A,Zhang B,Caughey D. Information Equivalence in Survey Experiments [J]. Political Analysis,2018(4):399-416.

[2] 任莉颖. 用问卷做实验:调查—实验法的概论与操作 [M]. 重庆:重庆大学出版社,2018.

共教育服务均等化水平影响农村居民幸福感的综合模型。在回收问卷数据后，系统采用描述性统计、协变量平衡检验和回归分析等方式对结果进行定量分析，以展示变量之间的数量关系，检验研究假设，并为因果推断提供依据。

本书的研究方法与技术路线如图 1-1 所示：

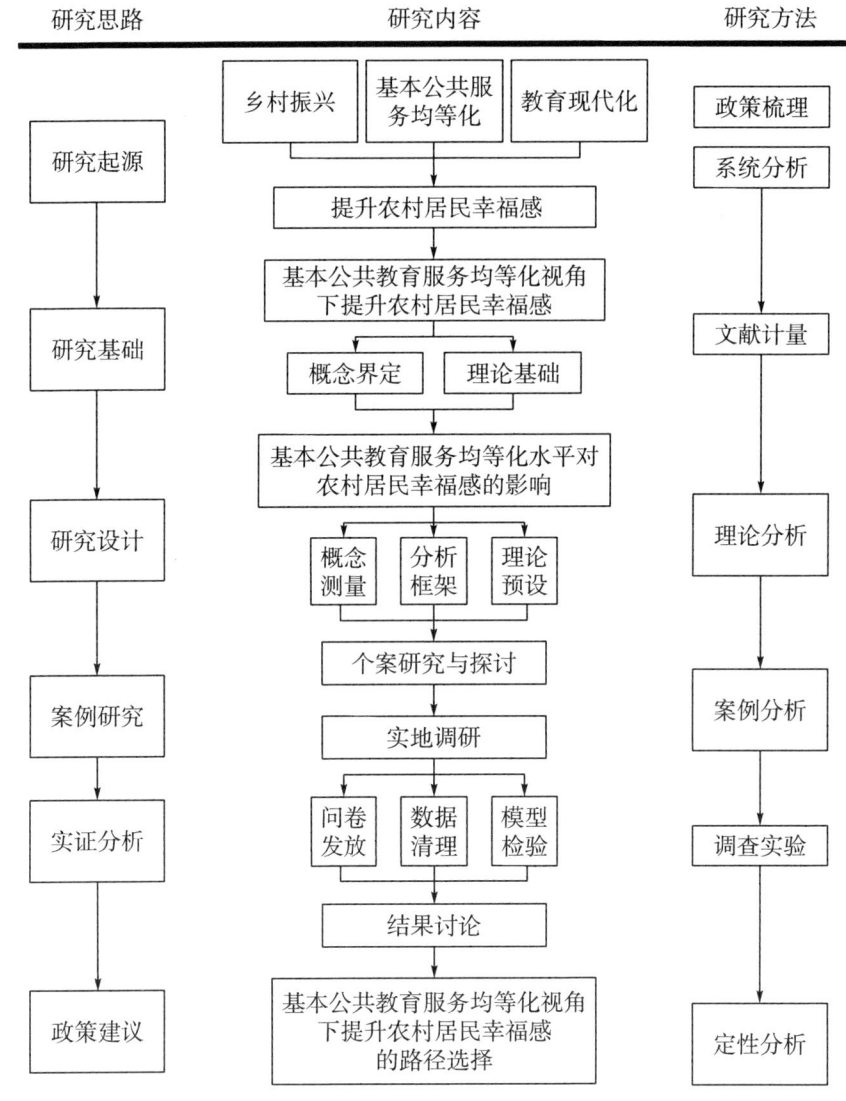

图 1-1　本书的研究方法与技术路线图

第一章　绪　论

第四节　主要创新点

一、从需求侧出发，科学界定农村居民幸福感的内涵

当前国内对不同群体幸福感的研究虽然较为充分，但大多数文献所聚焦的是城市居民，缺少对农村居民幸福感的概念界定与测量研究。现有的幸福感测量体系无法准确对应农村居民的特征，也不利于挖掘影响其幸福感的因素。农村居民往往面临收入低下、人力资本水平不高和权益保障缺失等现实困境，存在较高的贫困风险。[①] 因此，农村居民幸福感的测量要充分考虑其生活环境与生计来源，综合比较多种视角的测量方式，以构建符合农村居民生产生活规律的概念模型。本书将运用社会学、政治学、心理学和经济学等交叉学科的理论知识归纳共性和内在规律，对农村居民的幸福感进行精准的、契合实际的界定，以期填补当前农村居民幸福感研究的空白，丰富国内幸福感研究领域的内容。

二、从供给侧出发，搭建基本公共教育服务均等化水平影响农村居民幸福感的机理机制

尽管有学者已经注意到公共服务对幸福感的影响，并探讨了服务供给质量与城市居民幸福感的关系，但较少从基本公共服务均等化视角入手进行分析。本书关注的是基本公共教育服务均等化的作用，通过评估基本公共教育服务的供给投入、供给方式与供给类型对农村居民主观幸福感的具体影响，确定基本公共教育服务不同维度对幸福感影响的传导路径，从而构建基本公共教育服务均等化与农村居民幸福感的互动模型。

三、立足供需双方，确立提升农村居民幸福感的基本公共教育服务路径

当前国内外学者对农村居民的幸福感研究主要集中于需求侧，即对农村居民的幸福感需求进行研究，在研判农村居民的需求后进行机制构建，而从供给

[①] 左停，赵梦媛，苏青松. 聚焦贫困预防：基于贫困边缘人群和新生贫困人群的对策研究[J]. 贵州社会科学，2020(9)：147-154.

侧研究提升幸福感的文献极少。本书从供给侧出发，以基本公共教育服务均等化为抓手，为幸福感研究提供了新的研究视角。经过研究识别农村居民幸福感提升的关键要素，精准设计农村基本公共教育服务均等化政策体系，为提升农村居民幸福感提供助力。

第二章 农村居民幸福感研究的基础理论

第一节 基本概念与内涵

一、农村居民

新中国成立以来,提高农村居民的经济收入水平和生活质量,消除农村人口的绝对贫困始终是党和政府的核心工作之一。农村居民的生产生活和社会发展深受党中央和国务院的重视,并多次在中央1号文件中被提及。纵观我国针对农村地区先后实施的社会主义新农村建设、精准扶贫和乡村振兴等重大政策,能够发现农村居民的收入水平和生活品质提升,始终被放在政策实施的重要位置。同时,在全面建成小康社会和建设社会主义现代化强国进程中,农村居民与城镇居民处在同样地位,是我国实现"两个百年目标"不可缺少的主体。缩小城乡发展差距,推动基本公共教育服务均等化,提升农村居民的获得感和幸福感,契合了国家战略导向和施政目标。

在中国特色社会主义建设过程中,农村居民为推进城镇化和社会主义现代化作出了重大贡献,为城市发展和工业现代化提供了充足资源保障。有鉴于此,随着我国经济发展水平飞速增长和综合国力显著增强,党中央和国务院更加重视"三农"问题,加大对农村发展的政策支持、财政投入和资源倾斜,凝心聚力缩小城乡发展差距。我国农村居民的产生源自于城乡二元化结构的塑造,与城乡地理空间和户籍的划分紧密相关。从国内外学术史来看,目前学界对农村居民的概念内涵和群体特征均无争议,该概念已经成为一个十分成熟和广泛使用的词汇,具有规范性和统一性的特征。

从概念解析来看,"农村居民"与"城市居民"相对而言,常常与户籍所在地和出生地相联系。从法律法规、政策文件和文献分析来看，国内关于农村居民的界定具有一致性和趋同性。作为我国的根本大法，《中华人民共和国宪法》明确规定"城市和农村按居民居住地区设立的居民委员会或者村民委员会是基层群众性自治组织"，[①]并对基层群众性自治组织的人员产生和职能进行了规定。《中华人民共和国村民委员会组织法》在对村民委员会进行选举时，规定需要进行登记并列入参加选举的村民名单如下：（一）户籍在本村并且在本村居住的村民；（二）户籍在本村，不在本村居住，本人表示参加选举的村民；（三）户籍不在本村，在本村居住一年以上，本人申请参加选举，并且经村民会议或者村民代表会议同意参加选举的公民。[②]尽管我国法律没有对农村居民进行明确定义，但结合其他法律解释，本书发现法律层面通常将具有本地农村户口的居民、长期居住在农村的居民以及法律规定可迁入农村地区的居民等纳入农村居民范畴。法律层面对农村居民相关情形的规定，为本书界定农村居民这一研究对象提供了依据和参考。

农村居民作为一个被公众熟知的概念，许多学者在研究时并未对其进行明确的内涵剖析，而是强调该群体的特殊性和重要性。梁远等（2021）在研究家庭资产和社会互动对农村居民主观幸福感的影响时，按照"是否为农业户口"来筛选农村居民，并将农村居民的样本确定为户口为农业户口的居民。[③]徐亚东和张应良（2021）在探究城乡收入差距对农村居民消费的影响呈现"示范效应"还是"抑制效应"时，认为城市居民和农村居民的划分与我国的户籍制度紧密相关，并且相较于城市居民，农村居民的收入和消费能力都存在较大差距。[④]此外，还有部分学者在关注农村居民的健康问题过程中，将农村常住人口作为研究样本，强调了提升农村居民健康素养对于建设健康中国的突出意义。[⑤]由此可见，学界也常按照户口类型和是否常住农村两个标准，来进行农村居民的样本抽样和开展调查研究。综合考虑法律的相关规定和学者的研究经

[①] 共产党员网. 中华人民共和国宪法［EB/OL］.（2018-03-11）［2021-10-12］, https：//news. 12371. cn/2018/03/22/AR TI1521673331685307. shtml.

[②] 中国人大网. 中华人民共和国村民委员会组织法［EB/OL］.（2019-01-07）［2021-10-12］. http：//www. npc. gov. cn/npc/c30834/201901/188c0c39fd8745b1a3f21d102a57587a. shtm.

[③] 梁远, 毕文泰, 滕奎秀. 家庭资产、社会互动与农村居民主观幸福感［J］. 中国农业资源与区划, 2021：1-13.

[④] 徐亚东, 张应良. 城乡收入差距对农村居民消费的影响："抑制效应"还是"示范效应"［J］. 农村经济, 2021（8）：18-28.

[⑤] 郭田, 杨海林, 杨佩莹, 等. 2020年重庆市农村居民健康素养水平及影响因素分析［J］. 中国健康教育, 2021（8）：684-688.

验，本书将农村居民确定为"拥有农业户口，并长期在农村进行居住和从事生产生活的居民"。

农村居民是我国实现巩固拓展脱贫攻坚成果同乡村振兴有效衔接，需要重点关注的对象，也是实现全体人民共同富裕目标的关键群体。相较于城市居民，农村居民具有以下三个明显的群体特征：一是资源禀赋相对不高，整体受教育程度较低，能够获得的发展资源和机会偏少，抵抗社会风险的能力不强，比较容易陷入生存和发展困境。二是家庭经济收入水平与城市差距较大，消费结构和层次不够合理，恩格尔系数较高，家庭生活质量有待提升和改善。三是对基本公共服务有更大的需求，集中表现在社会保障、医疗卫生和公共教育等方面，而能够享受的基本公共服务比较有限。基于多种考量，在我国社会主义现代化建设新征程中，着力改善农村居民公共服务供给质量，推动农业现代化发展，增强农村居民的获得感、安全感和幸福感，将是我国全面实施乡村振兴战略和促进全体人民共同富裕必须考虑的问题。

二、农村居民幸福感

（一）农村居民幸福感的概念界定和特点

农村居民幸福感是本书聚焦的核心话题，要对这一群体的幸福感有充分认识，首先需对幸福感的内涵进行剖析。从幸福感研究的历史演变来看，国外学者对于幸福感的研究起源于20世纪60年代，幸福感的基本内涵、构成维度、相关理论和测量工具也最早在西方话语体系下形成，奠定了后续研究的理论基础。我国学者则在20世纪90年代才开始关注幸福感，因此国内对于幸福感的概念解释和内涵阐述基本上沿袭和借鉴了国外对于幸福感的定义，并在此基础上逐渐发展出适应中国文化语境的测评工具。

1. 幸福感的概念

幸福感一词来源于英文，在英文语境中常用"well-being""subjective well-being""happiness"等词来表示幸福感，通常可以翻译为"幸福""健康""福利"等。西方许多思想家、哲学家和政治学家在其著作和观点中，都谈到了对幸福感的认识和理解。古希腊哲学家苏格拉底将幸福感与智慧相联系，指出智慧是产生幸福感的源泉，强调了智慧在幸福感中的重要性。柏拉图则从理想化的角度指出"善"是幸福的本质，幸福是善的理念表现形式，人类只有摆脱现实世界，才能进入到幸福的理念世界中，从而摆脱世间的纷杂烦恼。① 近代幸福感的研究鼻祖 Wanner Wilson（1960）根据其研究的实践成果，提出两个重要的理论假设：一是当个人需求及时获得满足时，会产生快乐的情绪，而需求总是不能得到满足时将会导致不快乐的情感体验；二是个人需求被满足到什么程度才会产生幸福感与个人的适应或期望水平有关，并且这与过去经验、同他人比较的价值观以及其他因素密不可分，② 这为明晰幸福感的内涵提供了系统的理论参考。对于幸福感的构成，国外学者 Mckennell（1980）基于前人的研究成果，认为幸福感一般由生活满意度、正向情感和负向情感三个部分组成，并且这三个部分是衡量幸福感的重要维度。③

幸福感是心理学上的概念，心理学是最早对幸福感的产生、基本内涵、个体差异原因等进行系统研究和分析的学科。心理学认为个体的心理过程通常由认知过程和情感过程组成，其中认知过程往往是人类对知识的获取和具体使用的过程，这一过程包括了感觉、知觉、记忆、思维、想象等一系列行为。情感过程则是人类在与周遭世界进行互动的过程中，主体对客体是否能满足自身需求的感受和体验。正是由于认知过程和情感过程的共同作用，幸福感才得以产生，并且因个体认知和情感差异而导致幸福感水平的差异。

随着幸福感研究的逐渐深入以及各学科对幸福感的广泛关注，国内许多学者也对幸福感的内涵进行了界定。邢占军（2002）将幸福感理解为就是对现实生活的主观反映，它既离不开人们生活的客观条件和外在环境，也是人们需求和价值的体现。④ 严标宾和郑雪等（2004）基于心理学的角度，将幸福感定义为"人类自身意识到自己需要获得满足或理想得到实现的一种心理状态"。⑤ 张鹂和杨申淼等（2020）在对某医院血液科护士的幸福感和孤独感进行研究时，将幸福感解释为个体根据自定标准对其生活质量的整体评价，由关于生活满意度的认知评价和情感体验构成。⑥ 此外，魏钦恭（2019）从福利的视角将

---

① 严标宾，郑雪，邱林. 主观幸福感研究综述［J］. 自然辩证法通讯，2004（2）：96-100，109-112.

② 吴明霞. 30 年来西方关于主观幸福感的理论发展［J］. 心理学动态，2000（4）：23-28.

③ Mckennell A A C. Measures of self-reported well-being: their affective, cognitive, and other components[J]. Social Indicators Research,1980(2):127-155.

④ 邢占军. 主观幸福感研究：对幸福的实证探索［J］. 理论学刊，2002（5）：57-60.

⑤ 严标宾，郑雪，邱林. 主观幸福感研究综述［J］. 自然辩证法通讯，2004（2）：96-100，109-112.

⑥ 张鹂，杨申淼，刘树佳，等. "阳光心态塑造"辅导对血液科护士孤独感及幸福感的影响［J］. 中国护理管理，2020（2）：237-240.

幸福感定义为个体对其获得的社会福祉状态的心理感受和主观表达。①

2. 农村居民幸福感的特点

基于上述学者的观点，能够发现国内外学者在定义幸福感时关注的重点有所差异，但是对幸福感本质的认识基本一致。从当前研究幸福感的对象来看，主要关注青年学生、老人、儿童和城乡居民等群体，专门研究农村居民的较少，尚未明晰农村居民幸福感的内涵和特点。综合国内外学者的研究和观点，本书将农村居民的幸福感定义为"农村居民以其美好生活发展需要和个人期望为参照，对其实际获得的社会福利、生活资料、发展机会以及个人理想价值实现的认知感受和整体评价"。农村居民的幸福感可以从以下三个方面进行理解。

第一，农村居民幸福感是一种个人期望和实际获得之间的差异比较。在衡量农村居民幸福感高低时，往往会提前设置一定的标准，或者产生一定的期望，比如对工资收入、基本公共服务、社会保障以及个人价值实现的期望。在中国特色社会主义新时代，农村居民的期望可以理解为对美好生活的需要。以此为参考，当其从社会、社区和家庭中所获得的各种物质和精神满足越接近于其期望时，幸福感越高，反之幸福感越低。

第二，农村居民幸福感是一种个人主观感受和评价，存在明显的个体差异。幸福感的产生与个体的认知能力和情感体验密切相关，这两种能力的差异导致了个体对实际的生活质量和物质获取的感受存在差异，从而造成幸福感的个体差异。

第三，基本公共服务和民生保障是现阶段影响我国农村居民幸福感的重要因素。相对于其他群体，农村居民的经济实力和消费水平较低，其需求层次还比较低。根据马斯洛的需求层次理论分析，受个人经济水平的限制，农村居民的需求主要表现为维持生存的基本物质需求、安全需求和社交需求，对个体自我价值实现和获得尊重的需求相对较少。具体而言，获得更好的工作机会，能够享受到更加公平优质的教育、医疗和文化娱乐等方面的社会福利和高质量的社会保障，是农村居民更加迫切的需求。因此，提升农村居民的幸福感和获得感，要加快推进基本公共服务均等化，提高民生保障水平，增强其抵御社会风险的能力。

（二）农村居民幸福感的表现形式

从幸福感的认识论来看，农村居民的幸福感可划分为主观幸福感、心理幸

---

① 魏钦恭. 多元视角下"幸福-收入"的异质关系[J]. 青年研究, 2019 (6): 12-23, 91.

福感和社会幸福感，其中，主观幸福感是各学科学者关注的重点。

1. 主观幸福感

从哲学层面对幸福感进行思考，我们会发现西方哲学中存在快乐主义和完善论两种不同的幸福观。根据两种观点对幸福感认识的差异，幸福感能够划分为主观幸福感和心理幸福感（心理上的主观幸福感）。快乐主义认为感觉是幸福感唯一的来源，人拥有的感觉是最真实的，快乐和痛苦是幸福感的重要组成部分，一个人越快乐则幸福感越高，反之幸福感越低；完善论（实现论）的代表人物是古希腊哲学家亚里士多德，他认为真正的幸福不是快乐，而是"最高的善"①。在两种哲学上不同幸福观的指导下，幸福感能够分为生活意义质量上的主观幸福感和心理意义上的主观幸福感。生活意义上的主观幸福感表现为人们对自身生活质量的主观评价，强调生活满意度；心理意义上的主观幸福感是拥有心理上的健康，而这种心理上的健康状态会反映在个人情感体验上。

2. 心理幸福感

心理幸福感往往是建构在亚里士多德提出的幸福论或自我实现论的基础上，他认为幸福是人的自我实现，突出个体人生价值实现的重要性。② 从比较的视角来看，主观幸福感和心理幸福感在哲学理念基础、评价指标、评价标准和研究起点等方面存在差异。主观幸福感的哲学基础是快乐论，心理幸福感则是实现论或自我决定论；在评价指标方面，主观幸福感由生活满意度、积极情感和消极情感组成，心理幸福感的测量指标则包括自我接受、个人成长、生活目标、社交关系、环境控制、独立自主、自我实现和生命活力等一系列维度；在测评标准方面，主观幸福感的测量标准是以个人主观的标准来衡量幸福感，心理幸福感依据心理学家的价值体系，以客观的标准来衡量幸福；在研究起点方面，主观幸福感侧重实证研究和操作研究，心理幸福感则强调理论依据和理论构建。③

3. 社会幸福感

随着心理学、社会学、经济学和政治学等学科研究的深入，学者们又关注

---

① 邢占军，黄立清. 西方哲学史上的两种主要幸福观与当代主观幸福感研究［J］. 理论探讨，2004（1）：32—35.
② 张陆，佐斌. 自我实现的幸福——心理幸福感研究述评［J］. 心理科学进展，2007（1）：134—139.
③ 张陆，佐斌. 自我实现的幸福——心理幸福感研究述评［J］. 心理科学进展，2007（1）：134—139.

第二章 农村居民幸福感研究的基础理论

到除了主观幸福感和心理幸福感以外的另一种幸福感形式,即社会幸福感。社会幸福感这一概念最早由世界卫生组织提出,其在定义个体健康时强调"健康不仅仅局限于没有疾病,而是身体、精神和社会幸福感的一种综合状态"①。随后,这一概念在社会科学研究领域得到了广泛应用。相比于主观幸福感和心理幸福感,社会幸福感目前尚未形成统一的认识和概念。当前学界对于社会幸福感的认识主要有三种观点:一是将社会幸福感理解为个体在社交网络关系中适应和融入的好坏程度。② 二是将社会幸福感视为对社会相关事件和重要问题的判断。③ 三是将社会幸福感定义为个体对整个社会生活和服务的满意度评价,常采用社会满意度来衡量。④ 总体而言,社会幸福感关注个体机能和自身价值的实现对社会及他人产生的效应和影响。

由于本书主要瞄准基本公共教育服务均等化对农村居民幸福感提升的影响,因此考虑的幸福感主要围绕主观幸福感展开。

三、基本公共教育服务

(一) 基本公共服务概念

基本公共教育服务是基本公共服务的重要构成部分,也是全体人民最为关注的公共服务,关系着国家人才培养的根基。剖析基本公共教育服务的价值导向和概念内涵,应首先厘清基本公共服务的核心要义和外延界限。从理论认识的角度来看,国内学者对基本公共服务的认知比较一致。常修泽(2007)将基本公共服务定义为"政府提供与经济发展水平相适应的最低层次保障公民基本需求的公共产品和服务"⑤。周劲松(2017)认为基本公共服务就是以社会形成的共识为基础,由政府进行主导供给,并且与社会经济发展水平相适应,旨在满足全体公民生存和发展基本需求的公共服务。⑥ 党秀云和彭晓祎(2018)

---

① John A H, Jane E M, Thomas J S. A factor structure of wellness: theory, assessment, analysis, and practice[J]. Journal of Counseling & Development, 2004(3):354-364.

② 洪文燕,严靓,陈香. 提升中学教师职业幸福感的途径探索[C]. 十三五规划科研成果汇编(第六卷). 十三五规划科研管理办公室,2018:816-819.

③ Suzanne M, Shelley D C, Peter N. America's social well-being index for 93[J]. Christian Science Moniter, 1995(224):2-6.

④ 严标宾,郑雪. 幸福感研究对娱乐治疗法的启示[J]. 华南师范大学学报(社会科学版),2007 (5):123-129,160.

⑤ 常修泽. 中国现阶段基本公共服务均等化研究[J]. 中共天津市委党校学报,2007 (2):66-71.

⑥ 周劲松. 政府和社会资本合作合同有关法律问题探讨[J]. 中国财政,2017 (24):40-42.

在研究基本公共服务供给的央地权责关系时,将基本公共服务解释为"事关民生问题,并且具有基础性、广泛性、普惠性和公平性四个显著特征的公共服务"①。

(二) 基本公共服务的内涵和构成要素

对于基本公共服务的内涵和种类,国家层面也较早给出了明确的解释。2012 年 7 月,国务院印发的《国家基本公共服务体系"十二五"规划》,将基本公共服务定义为"建立在一定社会共识基础上,由政府主导提供,与经济社会发展水平和阶段相适应,旨在保障全体公民生存和发展基本需求的公共服务"②。从目前研究基本公共服务的文献能够发现,学者所提出的概念解释和国家层面保持了一致,并且大量学者在国家的概念指导下开展研究。基于国家提出的基本公共服务概念以及最新的政策文件精神,我们可以从如下五个方面进一步理解其本质内涵和构成要素。

第一,从供给主体来看,政府在基本公共服务供给中起着主导作用。我国政府的职责和使命规定,为全体公民提供基本公共服务是政府义不容辞的责任,服务供给的水平和质量受社会经济水平影响。因此,提供基本公共服务所需的资金、人力资源和物力资源主要由政府承担,国家和地方财政需提供资金保障。随着我国经济的发展和国家治理体系现代化的推进,政府不断创新基本公共服务的供给方式,积极吸引和鼓励社会力量参与到服务供给过程中,建立健全多元主体进行服务供给的体制机制。

第二,从服务对象来看,享受基本公共服务是全体公民的权利,也是实现个人生存和发展的重要保障。基本公共服务作为公共产品,具有非排他性和非竞争性的特征,是全体公民都有资格和机会享受的公共服务。因此,不能限制公民享受基本公共服务的权利,更不能将基本公共服务变成私人产品。

第三,从保障功能来看,基本公共服务满足的是公民生存和发展的基本需求。基本公共服务突出保障基本需要的特征,使其具有基础性、全民性、普惠性和公平性等综合属性。受经济社会发展水平的影响,我国的基本公共服务的主要功能是满足人民群众最基础、最迫切和最紧密的生活和发展需求。随着我

---

① 党秀云,彭晓祎. 我国基本公共服务供给中的中央与地方事权关系探析 [J]. 行政论坛,2018 (2):50—55.

② 中华人民共和国中央人民政府. 国务院关于印发国家基本公共服务体系"十二五"规划的通知 [EB/OL]. (2012-07-11) [2021-10-12]. http://www.gov.cn/zwgk/2012-07/20/content_2187242.htm.

国综合实力和经济发展水平的提高,基本公共服务的保障水平也在不断提升。

第四,从价值取向来看,实现均等化是基本公共服务发展的目标追求。受发展战略布局和城乡二元化结构的影响,我国基本公共服务存在发展不均衡的问题,主要表现为区域发展不均衡和城乡发展不均衡。不均衡问题的存在不利于提升人民的幸福感,更会阻碍社会主义现代化的实现。由于基本公共服务天然追求公平、普惠的属性,为了落实其保障全体公民生存和发展权利,必须大力推进基本公共服务均等化,赋予社会弱势群体更多的发展机会。

第五,从服务种类来看,基本公共服务是由多种公共服务构成的综合体。基本公共服务涵盖了人民生存和发展所需的各种公共服务,具有多样化和多种类的特点,主要包括公共卫生和基本医疗、基本公共教育、公共文化、公共体育、社会保障、公共就业服务和公共安全等。由此可见,基本公共服务覆盖了个体生活和成长的方方面面,起着赋能提质和维护公平的作用。

(三)基本公共教育服务概念

基本公共教育服务作为基本公共服务的核心内容,其重要性和必要性被广泛认同,但是相关学者在研究时很少对其概念进行系统解析和准确定义,往往直接使用这一概念。在实际研究过程中,也有学者使用基础教育、初中等教育和教育公共服务等概念来研究基本公共教育服务范畴内的问题。许多学者尽管没有给基本公共教育服务下定义,但是对基本公共教育服务的论述和观点具有相同的指向性。李珺和贾凡(2018)认为基本公共教育服务指的是在教育领域由政府进行主导提供的全民公平享有的最低水平的公共服务相关的制度安排,并论证了社区教育纳入基本公共教育服务范围的必要性。[①] 曹浩文(2018)也认为基本公共教育服务是在供给层面由政府占主导地位,提供的公众最关心、最直接、最现实利益相关的教育服务。[②]

根据教育部对基本公共教育服务的定义,结合笔者在《基本公共教育服务均等化绩效测评》一书中提出的概念解释,本书将基本公共教育服务定义为:"由政府主导提供,与经济社会发展水平相适应,满足全体公民最基础、

---

① 李珺,贾凡. 社区教育纳入基本公共教育服务的必要性及策略选择[J]. 现代远程教育研究,2018(6):64—71.

② 曹浩文. 京津冀基本公共教育服务差距缩小了吗?——基于2014至2016年数据的对比[J]. 教育科学研究,2018(9):17—22.

最迫切、最关心的教育需求的公共教育服务。"① 从该概念能够看出，基本公共教育服务满足的是公众对教育的基本需求，保障其受教育和发展的权利。从我国目前阶段的发展情况来看，我国的基本公共教育服务主要包括小学和初中的教育，某些经济发达的地区逐渐将学前教育、职业教育和高中教育纳入其中。随着教育强国战略、人才强国战略朝向纵深推进，加之我国经济水平的不断攀升，未来我国将不断扩大基本公共教育服务的范畴，提供更加公平优质的公共教育资源。

四、基本公共教育服务均等化

新中国成立以来，在国家"四个现代化"的推动下，我国基础教育得到了快速发展。在国民受教育程度不断提升的同时，我国教育也出现了发展不平衡的现象，区域差异、城乡差异和校际差异进一步拉大。在此背景下，不断提高基本公共教育服务均等化水平，缩小教育发展的差距成了党和政府的重要工作。"基本公共教育服务均等化"这一概念最早于2006年提出，并在社会发展实践中不断演化。在党中央和国务院的领导和推动下，"互联网+"的教育模式得到大范围推广，我国基本公共教育服务均等化水平不断提升，农村的教学条件和质量得到显著改善，九年义务教育巩固率持续提高。此外，提升义务教育均等化水平，建立学校标准化建设长效机制，推进随迁子女入学待遇同城化，以及实现县域内义务教育由基本均衡向优质均衡转变成为我国推进教育现代化的重要举措。

尽管学者在解读"基本公共教育服务均等化"时的侧重点有所差异，但是对这一概念的内核和外延认识基本达成一致。唐丽和王记文（2016）在探索基本公共教育服务均等化的影响因素和差异时，主要关注"公平"和"平等"两个价值导向，将这一概念界定为"不受家庭经济和社会背景的影响，全体学生都能公平、可实现地获得大致相等的基本公共教育服务"②。崔慧广（2014）在测评县域基本公共教育服务均等化时，强调基本公共教育服务均等化主要体现为机会均等、结果均等和过程均等。③ 刘琼莲（2014）指出基本公共教育均

---

① 罗哲. 基本公共教育服务均等化绩效测度：基于平衡计分卡 [M]. 北京：中国人民大学出版社，2017.
② 唐丽娜，王记文. 基本公共教育服务均等化及其影响因素 [J]. 青年研究，2016（3）：58-66，95-96.
③ 崔慧广. 县域基本公共教育服务均等化：分析框架、评价指标与测算方法 [J]. 教育理论与实践，2014（31）：18-22.

等化的核心价值遵循是"以人为本",其目的是使处于不同学习阶段(学前教育至高中)的学生能够获得大致均等的公共教育服务。① 从现有研究能够发现,学者们在衡量和评价基本公共教育服务均等化现状时,常使用九年义务教育、基础教育或基础公共教育等表示基本公共教育服务,关注教育发展过程中的公共性和公平性。

基本公共教育服务的对象是"人"这一主体,教育公平是推动基本公共教育服务均等化的逻辑起点,其目标追求应是实现人的自由全面发展。根据笔者对这一领域的长期研究和测评,综合笔者相关的学术观点,本书提出的基本公共教育服务均等化指的是以公平正义为价值导向,保障全体公民基本的受教育权利,为公众提供的最基本的、不同发展阶段有不同标准的、最终结果大致相等的基本公共教育服务。② 从重要性来看,实现基本公共教育服务均等化既是我国基本公共服务均等化的应有之义,也是将我国建设成为教育强国和人才强国的必然要求。基于我国的发展现状,可以从以下五个方面对这一概念的内涵进行系统理解。

第一,从价值导向来看,公平正义和以人为本是核心价值追求。相比于其他公共服务,基本公共教育服务是促进人全面发展的保障,能够使个体获得更好发展的机会。推进基本公共教育服务均等化能够缩小个体因先天资源禀赋带来的差异,帮助个体获得改变命运的机会和资源,进一步促进和维护社会公平。由此可见,公平正义是促进基本公共教育服务均等化的价值指引,融入了教育现代化的整个过程。此外,尤其需要强调的是基本公共教育服务均等化指的是相对均等,并不是绝对的平均主义,是教育公平和效率的统筹发展。

第二,从表现形式来看,基本公共教育服务均等化是多种均等的统一。对于我国而言,均等化主要体现在教育机会均等、教育过程均等和教育成果均等三个方面。首先,教育机会均等是实现教育公平和均衡发展的基本前提,也是我国缩小教育发展差距的着力点和突破点。其次,教育过程均等是实现教育服务均等化的中间环节和纽带,使学生能够拥有更多接受教育的自由选择权,享受相对平等的教学条件、师资力量和教学环境,是保障最终教育成果均等的关键。最后,教育成果均等是基本公共教育服务均等化的落脚点,使学生通过享

---

① 刘琼莲. 论基本公共教育服务均等化及其判断标准 [J]. 中国行政管理,2014 (10):33-36.
② 罗哲. 基本公共教育服务均等化绩效测度:基于平衡计分卡 [M]. 北京:中国人民大学出版社,2017.

受相对公平的教育资源，获得平等的发展和成长成才机会，理应是基本公共教育服务的目标追求。

第三，从资源配置来看，基本公共教育服务均等化是公共教育资源配置的相对均衡。从现实情况来看，我国基本公共教育服务水平在区域之间、城乡之间和校与校之间呈现出分配不均的现象，导致全体学生难以享受到相对均衡的教育资源。因此，我国基本公共教育服务均等化主要目标是在不同区域之间、城乡之间和校与校之间能够实现教育资源的均衡配置。实现教育资源的均衡分配，有助于缩小不同地区、城乡之间和校与校之间的差距，更好地满足人民群众对优质教育的需求，为中国特色社会主义现代化提供更加充足的人才支撑。

第四，从发展水平来看，我国基本公共教育服务均等化还处于初级阶段。基本公共教育服务的供给质量与国家经济发展水平、财政实力等密切相关，与整个经济社会的发展相适应。根据我国目前的经济社会发展水平，基本公共教育服务均等化主要是满足人民群众最基础、最直接、最紧密的教育需求，保障其基本的受教育权利和机会。基于我国的现实情况，现阶段基本公共教育均等化主要聚焦小学和初中阶段的教育资源均等化，即九年义务教育或基础教育的均等化。对于学前教育和高中教育的均等化发展，现阶段难以有充足的财政进行保障，这将是我国在下一个阶段的目标和任务。

第五，从责任主体来看，政府是基本公共教育服务均等化的主导者。基本公共教育服务属于准公共产品，这一性质便决定了服务的供给者必须是公共部门（政府），而且需要政府以财政投入作为保障。教育事业是党和政府历来最重视的事业之一，推进基本公共教育服务均等化是政府履行自身职能的重要表现，更是增强人民群众安全感、获得感和幸福感的关键举措。具体而言，在促进基本公共教育服务均等化过程中，政府主要承担财政支持、服务供给和监督监管的责任，并且通过相应的公共政策来落实和实现。

第二节　理论基础与测评工具

一、农村居民幸福感的基础理论

深入探究基本公共教育服务均等化和农村居民幸福感之间的关系，明确幸福感的生成来源、产生机理以及评价标准，这就需要从理论层面加以论

第二章 农村居民幸福感研究的基础理论

证,为研究的深入提供足够的理论支撑。从学科交叉融合研究的角度出发,通过梳理中西方幸福感研究的学术史,结合研究的实际需求,本书重点引入了马丁·塞利格曼(Martin Seligman)的幸福感理论、人格理论、目标理论和社会心理学理论等多个与幸福感相关的基础理论,为研究农村居民幸福感奠定理论基础。

(一) 幸福感理论

幸福感理论是随着积极心理学的产生而逐渐发展起来,该学科的主要目的便是理解和帮助人们获得幸福。作为积极心理学的奠基人,美国心理学家、临床咨询和治疗专家马丁·塞利格曼发起了积极心理学运动,旨在识别和理解人类的优势和美德,从而帮助个体提升幸福感和获得生命的价值意义。马丁·塞利格曼基于长期的思考,将幸福确定为研究对象,使关于幸福感的讨论从哲学领域拓展到心理学和实证研究领域,形成了系统的幸福感理论。

从英语词源来看,马丁·塞利格曼更加赞同使用"well-being"一词来表示幸福感,他所理解的幸福是一种全面可持续发展的幸福,能够呈现出生命积极乐观、蓬勃向上的变化状态。对于幸福的内核和构成要素,该理论提出幸福由积极情绪、投入、人际关系、意义和成就五大要素组成,同时拥有这五个要素的人生才能称为幸福的人生。[①] 其中,积极情绪是产生幸福感的基础,是过去、现在和未来积极情绪的统一,集中表现为满意、满足、快乐、愉悦、期盼、信心等情绪。积极情绪能够改变个体的认知和思维,抑制负面情绪的产生和扩大,使个体获得积极的情绪体验。在积极情绪的影响下,个体容易找到解决和应对困难的方法,推动个体不断向前进步和发展。投入也和幸福息息相关,当个体完全将自身投入到某一项活动中,便会进入到心流的状态,体验到幸福的概率更大。此外,人际关系对幸福感的影响主要通过帮助他人、被人爱的能力、社会联系和亲密关系来体现。优质的人际关系,能够给个体带来更多快乐的体验,降低个体的孤独感和自卑感,使个体的需要得到更好的满足,从而变得更加幸福、健康和长寿。

马丁·塞利格曼的研究发现,生命的意义和自我价值实现也是获得幸福感的重要来源。个体追求意义的过程就是充分发挥自身的才能和优势,不断超越自我的发展过程。在这一过程中,个体能够发现更好的自己,逐渐找到

---

① 高淑艳. 马丁·塞利格曼幸福理论:解析与研究展望 [J]. 牡丹江大学学报, 2021 (2): 1−9.

人生的奋斗目标和归属感。当个体实现自身的目标，找到人生的价值时，他的生活满意度会显著提升，幸福感便会油然而生。在发现意义的基础上，个体在目标的指引下，将自身的天赋、才能、技巧投入其中，并坚持不懈地奋斗和拼搏，最终会取得与付出相等价的成就。这种成就会使个体充满自信，并且培养和形成某些获得成功的优秀品质和优势，从而感到相对持续的幸福感。

关于幸福感产生的关键因素和中介变量，马丁·塞利格曼认为是个体的品格优势和美德。正是由于个体自身品格优势和美德在其中发挥作用，积极情绪、投入、人际关系、意义和成就等才会出现，最终催生出全面可持续的幸福。基于此，他将品格优势和美德视为幸福的基石和关键。通过对世界上 70 多个国家横跨 3000 多年文化的研究，马丁·塞利格曼将人类的美德归纳为六大类，即智慧、勇气、仁爱、正义、节制与精神超越。将六大美德进行分类，又可细分为 24 个品格优势。[①] 其中智慧衍生出来的品格优势包括好奇心、热衷学习、创造力、洞察力以及思维开放性；勇气的品格优势则由勇敢、坚毅、充满活力和正直构成；仁爱则具体划分为爱、社会智慧和善良 3 个品格；正义包括了领导力、公民精神和公平 3 种品格优势；节制的品格优势体现为宽容、谨慎、谦虚和自我节制；精神超越则涉及美感、感恩、希望、灵性和幽默 5 种品格优势。为了系统测量个体的品格优势，马丁·塞利格曼还开发了 24 项优势问卷简版，使用李克特五级量表对每种品格进行评价。

总体而言，马丁·塞利格曼的幸福感理论是积极心理学的重要理论，重点强调了个人品格优势和美德在幸福感产生中的重要性。从该理论出发，我们大致可以得到提升个体幸福感的两条路径：一是要充分挖掘和发挥个体的品格优势，弘扬个人身上蕴含的美德；二是要提高个体的积极情绪、投入、人际关系、意义和成就等要素，使个体获得更多幸福感的源头活水。针对农村居民的幸福感，从心理学的角度出发，进一步挖掘和激发其身上的品格优势和美德，使其在积极情绪、人际关系、投入等方面有更好的表现，帮助其找到生命的意义和奋斗的目标，是维持幸福感全面可持续发展的基本逻辑。

（二）人格理论

在西方的诸多研究中，都发现了人格和幸福感之间存在的显著联系。许多心理学家和生物学家的研究发现，人格是主观幸福感最可靠、最重要的预测因

---

① 马丁·塞利格曼. 真实的幸福 [M]. 洪兰, 译. 沈阳：万卷出版社, 2010.

素之一，并且在此基础上形成系统的人格理论。人格理论认为人类是天生的乐观主义者，存在以积极乐观的方式面对和体验生活的倾向，即人们总是用积极的想法和方式来认识和改变世界。某种程度上而言，人类具有让自身获得快乐的潜质，这是幸福感产生的重要基础。换句话来说，个体的性格倾向于以积极的方式来思考问题，从而产生了幸福感。

人格理论最早由 Gray（1991）提出，他认为个体身上普遍存在行为激活系统（BAS）和行为抑制系统（BIS）两个基本的脑动力系统，这两个系统的个体差异导致了其对幸福的感知差异。其中，行为激活系统对奖励和非惩罚信号比较敏感，主要通过奖励来控制行为，从而控制行为趋向；对于行为抑制系统而言，惩罚和非奖励性信号是其敏感源，该系统主要依托惩罚来对行为进行调节。[①] 因此，当出现惩罚时则会抑制行为。Gray 认为正是由于对奖惩性信号的感受存在个体差异，每个人能够获得的幸福感也存在差异。

在 Gray 人格理论的基础上，一些学者又对其观点和理论进行了扩展。沃森和克拉克（1984）提出了神经质和外倾性分别对消极情绪和积极情绪表现出较高敏感性作用的假设，从而对幸福感产生了调节性功能。[②] 这一假设在后续的研究中得到了证实，进一步丰富了人格理论。针对人格对幸福感的作用机制和动力过程，Diener 等学者（1984）提出了交互作用的加法模型、相对复杂的交互作用动力模型，以及人格通过对情景产生作用从而影响主观幸福感增加或减少的模型。[③] 其中，交互作用加法模型指出，幸福感的产生与个体、环境以及这两个元素的互动有关。在此基础上，相对复杂的交互作用动力模型进一步强调，人格和情景是两个相互独立、紧密相连和互为因果的变量，个体在选择情景时人格特质扮演着主导作用。因此，个体行为、人格特质和环境因素的交互作用会对幸福感水平的高低产生影响。第三个模型则明确解释，情景是人格和幸福感之间的中介，人格会选择相适应的情景，而情景则增加或减少幸福感。

在西方学者的研究中，自尊和乐观这两个人格相关的特质对幸福感的影响最为显著。在西方的话语体系和文化背景下，自尊和高度的个人主义文化相适应，会对个体的生活满意度产生明显影响。总体而言，自尊越高的人，对生活的满意度越高，获得的幸福感也越强。跨文化研究发现，在东方倡导集体主义

---

① Gray J. Neutral Systems, Emotion, and Personality [M]. New York: Raven Press, 1991.

② Watson D, Clark I. Negative affectivity: the disposition to experience negative affective state[J]. Psychological Bulletin, 1984(3):465-490.

③ Diener E, Larsen R J, Emmons R A. Person and situation interactions: choice of situations and congruence response models[J]. Journal of Personality and Social Psychology, 1984(3):580-592.

的国家,个人自尊对幸福感的影响并不存在,原因在于这种文化背景下个人价值往往附属于集体价值。[①] 乐观对幸福感的影响,西方形成了气质性乐观理论。该理论认为个体对未来发展的认知会对其周围环境产生影响,从而对主观幸福感造成影响。个体具有乐观的人格潜质,容易产生积极情感和积极的认知体验,从而会感到幸福。人格理论有助于我们理解农村居民幸福感差异产生的原因,在分析基本公共教育服务均等化对其幸福感的影响时,能够将人格特质等作为重要的参考变量和控制变量。同时,在中国特色的文化背景下,探索出影响农村人群幸福感的人格特质,厘清中西方的差异,有助于推动心理学的理论创新,建构中国特色的幸福感理论体系。

(三) 目标理论

与马丁·塞利格曼幸福感理论强调的意义或成就类似,目标理论将目标视为个体幸福感产生和变化的参照物和核心所在。具体而言,目标的明确性和科学性、目标的类型和结构、目标的完成程度等都会对个体的幸福感产生重要影响。具有清晰明确、适应自身的发展目标,能够获得支撑目标实现的各种资源。通过自身的投入和努力来达成目标,会使个体产生较高的自我效能感。在自我效能感的驱动下,个体会对自身行为产生高度肯定,积极情感便会应运而生,从而增加个体的幸福感。由此可见,自我效能感是目标和幸福感之间的中介变量。

在目标理论看来,当个体的目标得以实现和个人生活及发展需求得到满足时,幸福感就会自然发生。因此,个人目标和价值取向对其幸福感起着决定性作用,目标和价值观的差异决定了个体幸福感的必然差别。[②] 从目标和需求的关系来看,个体的目标扎根于自身的生存发展需要,目标是个体需求的高度表达和需求满足的奋斗方向。当个体意识到其所处层次的生存发展需求时,为了更好地满足需求,个体会将需求转化为努力和奋斗的目标。由此可推理出,需求或内在动机是目标产生的基础,实现目标则是满足需求的重要手段。Brunstein 等学者(1998)强调,只有当个人的目标与自身的发展需要或内在

---

① Kwan V S Y, Bond M H, Singelis T M. Pancultural explanations for life satisfaction: adding relationshipharmony to self-esteem [J]. Journal of Personality and Social Psychology, 1997(5): 1038 – 1051.

② 蒲德祥. 幸福感的基础理论、测量及展望 [J]. 理论与现代化, 2010 (1): 62–69.

动机相互适应，且二者保持高度一致时才会产生主观幸福感。① 否则即使目标达成，也难以转化为个体幸福感。

对于个人的生存发展需求，马斯洛的需求层次理论将个体的多样性需求划分为五个层次，即基本生理需求、安全需求、社交需求、获得尊重的需求以及自我实现的需求。该理论认为，人类的这五种需求按照从高到低呈现出金字塔的分布结构，并且当较低层次的需求得到满足以后，个体会更加关注更高层次的需要。个体所处的阶段和环境不同，其表现出来的需求也存在差异，因而目标追求各不相同。个体内在目标的实现会比外在目标（美貌、金钱、名利、社会地位）的达成，更能催生幸福感。换句话而言，在马斯洛提出的五个需求层次中，自我实现的需求、获得尊重的需求、社交需求等更高层次需求的满足，会比基本的生理需求和安全需求的满足更能增加幸福感。

此外，许多学者的研究也发现目标对幸福感的影响还会受到个体的生活环境、文化背景和社会氛围的制约。只有当个体确定的目标获得所处社会文化的认可时，目标的实现才有可能带来幸福感。② 受中西方文化的影响，个体目标实现所能产生的幸福感效应也存在差异。在强调个人主义的社会文化中，个体倾向于和他人分离，重视个体的情感体验和感受，与自身相关的自尊等因素会对幸福感有明显的影响。在这种文化背景下，个人目标的实现会带来更高的自我效能感，个体自我价值和生活意义更为突出，产生的幸福感更加强烈。相反，在集体主义文化盛行的国家，个体倾向于融入集体，与其他社会成员保持行动一致，个人特色和个性被隐藏起来。在这种文化影响下，个体目标和价值从属于集体目标，集体目标是个人目标的集合。因此，个人目标的完成主要目的是实现集体的共同愿景，个人目标所产生的幸福感十分有限。从上述理论出发，研究中国农村居民的幸福感，要立足中国场域，充分融入中国特色的社会文化。

（四）社会心理学理论

社会心理学理论将社会学和心理学的许多观点进行整合，强调幸福感是通过比较判断产生的，其关注的核心是选取的参照标准。该理论认为，个体将自身的现实情况与多种标准进行向上和向下比较，必然会产生幸福感的差异。一

---

① Brunstein J C, Schultheiss O C, Grässman R. Personal goals and emotional well-being: the moderating role of motive dispositions[J]. Journal of Personality and Social Psychology, 1998(2): 494-508.

② 吴明霞. 30年来西方关于主观幸福感的理论发展[J]. 心理学动态, 2000 (4): 23-28.

一般而言，个体进行向上比较时，幸福感会降低；相反，进行向下比较时，幸福感则会增加。按照选取对照标准的不同，这一理论可具体划分为期望值理论、社会比较理论、适应理论以及自我决定理论等具体理论。

1. 期望值理论

期望值理论选择将个体的期望值作为评估幸福感的参照标准，将自身实际取得的成就和期望值进行对比，以衡量幸福感的高低水平。具体而言，当实际成就与期望值的差距越小时，个体会感到的幸福感越高；反之，当实际成就和期望值相差甚远时，个体则会遭受到打击，个人信心有所丧失，幸福感会较低。在这种现实和理想状态的比较中，个体的期望值高低则显得至关重要，需要谨防高期望值带来的风险。正如最早对幸福感进行系统研究的学者 Wilson (1967) 在《自称幸福的相关因素》一文中所强调的，高期望值对幸福感是一个重要的威胁。[1] 但是，具有高期望值的个体，为了实现目标往往会愿意付出更多的时间和精力。尽管最终难以达到期望值，在逐渐接近目标的过程中，也会感受到更多的成就感和满足感。

同时也需要注意，高期望值如果和个人实际情况差距过大，则会损伤自身的信心和勇气，不利于个人长期发展。低期望值则不会给个体带来挑战，难以获得成就感和效能感，不利于提高自身的生活满意度。期望值理论也指出，期望值并不会对幸福感有直接预测作用，只有当期望值、现实条件与个人拥有的内外部资源一致时，才可以用以预测幸福感水平。对于幸福感而言，个体所期望的内容比目标实现的可能性更加重要。在某种程度上来说，个体的期望源于其对美好生活的需求，调动整个社会资源帮助个体实现期待值，是提高其幸福感的着力点。

2. 社会比较理论

社会比较理论将社会中的其他人作为比较的标准和参照物，关注自身与周围其他人横向比较的结果。当自身比其他人优越时，才会感到幸福；相反，当自身不及他人时，则难以感到幸福。一般而言，个体将自身与更加优秀的人进行向上比较，会降低幸福感；与不幸的人进行向下比较，则会增加幸福感。个体在进行社会比较时，人格会对选择比较的方式产生重大影响。乐观的人倾向于关注比自己发展更差的个体，悲观抑郁者则更多关注比自己发展更好的个体；幸福的人常常进行向下比较，而不幸的人则更多进行向上的比较。此外，

---

[1] Wilson W R. Correlates of avowed happiness[J]. Psychological Bulletin, 1967(4): 294-306.

随着现代信息技术的发展,信息成为个体进行社会比较的重要影响因素。信息的爆炸式增长和内容的多样性,使人们进行社会比较的行为更加复杂化。基于此,Wood(1996)将社会比较理解为"个体获取和使用与自我相关的或者多种他人信息的过程",这一过程具体包括获取社会信息、进行社会比较以及对比较结果认知、情感和行为反应三个环节。① 在信息时代,个体对信息获取、处理、分析和使用的能力,往往会影响其进行社会比较的结果,并最终导致幸福感的差异。

3. 适应理论

适应理论的核心是从时间维度上做纵向比较,即将现在的情况和过去的感受进行比较。其将过去的状态作为参照标准,如果现在的状态相比过去变得更好,则会感到更加幸福;反之,如果现在不如过去,则幸福感会减少。对于现代主观幸福感而言,其核心的概念就是适应和习惯化。Helson(1964)将适应这一概念解读为是个体对反复出现的生活事件刺激的减弱和降低,并重新建构起对这种刺激及其产生的影响的认识。② 一般来说,个体对生活中新事件的刺激反应呈现出随着时间的推移而不断下降的趋势。随着外界环境的变化,个体会不断地调整自己的情绪感受,从而使自身保持较为稳定的生活满意度。人类对各种环境适应的速度和效果存在差异。从群体普遍性特点来看,人们对生命发展中的生存困难和变故适应比较缓慢,例如贫困、亲人去世;而对收入增加、被监禁和隔离等情况适应较快。相比于积极主动的应对,适应更多消极被动的心理和生理改变活动,个人的主观能动性体现不够明显。在环境变化过程中,那些积极主动去应对,适时找到生命存在的意义,并对事件做积极评价的个体,会感到更加幸福。而消极被动去适应环境的个体,很难在短时间内达到情绪的平衡状态,因此难以感受到幸福。

4. 自我决定理论

自我决定理论的核心是"自我",以理想状态的自我作为对照的标准,将现实自我与理想状态进行比较。当现实中的自我比理想的自我更好或者保持一致时,个体则会感到更加幸福;反之,现实自我与理想自我存在一定差距时,个体会被失望、焦虑、沮丧等负面情绪裹挟,其主观幸福感则会降低。在某种程

---

① Wood J V. What is social comparison and how should we study it?[J]. Personality and Social Psychology Bulletin,1996(5):520—537.

② Helson H. Adaptation-level theory:an experimental and systematic approach to behavior[M]. New York:Harher&Row,1964.

度上,自我决定理论和适应理论关注的主体是一致的,其可以视为是适应理论中更加细微的一个分支。从该理论可以看出,决定幸福感高低的核心因素在于个体本身。因此,当个体努力实现自己的人生意义和生命价值,或者找到实现意义追求的具体路径时,其幸福感将会得到提升。Ryan & Deci(2000)结合其研究,提出人类自主性、能力提升以及人际关系是个体普遍存在的基本需要,这些需求的满足会增强理性幸福和主观幸福感。因此,其提倡从自我的角度出发,把主观幸福感、自我认识和评价、心理健康和机体功能等与自我相关的因素作为评定幸福感的核心指标。[①] 总体而言,该理论为判断幸福感的产生提供了一种新的视野和维度,丰富了幸福感的理论丛林。

二、农村居民幸福感的测评工具

(一) 总体幸福感量表

总体幸福感量表(General Well-being Schedule,GWB)是美国国立卫生统计中心制定的一种定式型测查工具,包括33个条目,用来评价受试者对幸福的陈述。1996年,国内学者段建华结合中国的语境,对该量表进行了修订,采用了该量表的前18个条目分别对362名和56名中国大学生的幸福感进行评测,结果发现两次评测的结果差异小($r=0.873$,$P<0.001$),证明了修订后的总体幸福感量表具有良好的信效度。[②] 自从段建华对总体幸福感量表进行修订以后,中文版的总体幸福感量表被国内学者广泛用于大学生、社区人群等群体幸福感的测评。

(二) 纽芬兰纪念大学幸福感量表

纽芬兰纪念大学幸福感量表(MUNSH)主要用于测量主观幸福感中的情感体验,该量表是由国外学者Kozma & Stones(1980)编制和修订[③],主要用于测量正性情感(PA)和正性体验(PE)、负性情感(NA)和负性体验(NE)。该量表由24个条目构成,其中5个条目涉及正性情感,5个条目反映

[①] Ryan R M,Deci E L. Self-determination theory and the facilitation of intrinsic mativation,social development,and well-being[J]. American Psychologist,2000(1):68-78.

[②] 段建华. 总体幸福感量表在我国大学生中的试用结果与分析[J]. 中国临床心理学杂志,1996(1):56-57.

[③] Kozma A,Stones M J. The measurement of happiness:Development of the Memorial University of Newfoundland Scale of Happiness (MUNSH)[J]. Journal of Gerontology,1980(6):906-912.

负性情感，7个条目涉及正性体验，7个条目涉及负性体验，最终的幸福感总分为"PA−NA+PE−NE"，并且分值越高，主观幸福感将会越高。① 该量表也是国内常用的测量幸福感的工具，能够充分反映个体的正性情感、负性情感、正性体验和负性体验。

（三）国际大学调查——主观幸福感量表

《国际大学调查——主观幸福感量表》是国外学者 Diener 等人编制的《国际大学调查问卷》（ICS）的重要组成部分，在国内主要用于测量大学生群体的主观幸福感，并且已经被证明具有良好的信效度。该量表由19个条目组成，使用李克特7级量表进行评分，其中9、10以及14~19条目为反向计分（即选1为"7分"，选2为"6分"，以此类推，选7为"1分"）。量表的总分为19个条目的得分总和，总分越高表示被测试群体的幸福感越高。

（四）幸福感指数量表

幸福感指数量表（Index of Well-being，IWB）也是从整体上对主观幸福感进行测量的工具。该量表是由学者 Campbell 等进行研究和编制，由总体情感指数量表和生活满意度构成，可以对个人总体幸福感进行测量，并作为提供幸福感判断依据的手段。幸福感指数量表由9个条目构成，其中总体情感指数量表涉及8个条目，权重为1；生活满意度由1个条目来衡量，权重为1.1。该量表采用李克特7级量表进行打分，总分的计算公式为总体情感指数量表的平均分与生活满意度的得分相加，总分变化范围在2.1（最不幸福）到14.7（最幸福）之间。②

（五）费城老年人中心信息量表

费城老年中心信息量表（Philadelphia Geriatric Center Morale Scale）是由学者 Lawton（1975）在 Morris 和 Sherwood 的 PGC 量表的基础上进行改编和完善所形成。③ 该量表由23个条目组成，主要用于测量与个人的不满孤独、

---

① 邓丽金，陈锦秀，葛莉. 福建省农村高龄老年人幸福感与健康投入的相关性研究［J］. 中国健康教育，2019（10）：906−910.

② 张雯，郑日昌. 大学生主观幸福感及其影响因素［J］. 中国心理卫生杂志，2004（1）：61−62，44.

③ Lawton M P. The Philadelphia Geriatric Center Morale Scale：a revision［J］. Journal of Gerontology，1975（1）：85−89.

激越以及对自己老化的态度。该量表主要是通过3个具体的维度来反映个人的主观幸福感：对自身衰老的态度（7项）、孤独不满（8项）、激越（8项）。Lawton（1975）在修订该量表时，将该量表用于测量1086名居住在美国联邦政府为其提供住房的租户和老年人的心理状态和幸福感，发现该量表具有良好的信效度，激越、对老化的态度以及孤独不满的克隆巴赫系数分别为0.85、0.81和0.85。①

第三节 农村居民幸福感探因

心理学、社会学、人口学、经济学、政治学和管理学等多学科对幸福感的研究显示，农村居民和其他群体相似，其幸福感会受多种复杂因素的影响。人类社会的复杂性，加之人类本身的复杂性，导致幸福感的产生和变化是多种复杂因素综合作用的结果。尽管很多因素对其影响的程度还未被明确，但随着社会科学研究的进步，越来越多的影响因素进入了研究范围，并且其内在联系和作用机制逐步明晰。从系统和宏观的思维出发，根据其维度进行划分，这些影响因素总体可以分为人口因素、经济因素、社会因素、心理因素以及福利保障因素等。明晰影响幸福感的主要因素，有助于找准提高幸福感的着力点和落脚点。

一、人口因素

人口因素主要涉及人口的性别、年龄、宗教信仰、文化程度、健康状态和婚姻状况等因素。一般而言，对幸福感会产生影响的人口学因素主要有性别、年龄、文化程度、家庭环境、婚姻状况等，但是人口学因素对幸福感产生的影响不同学者存在不同的观点，主要是由于研究对象和文化背景的差异。佟月华（2004）在对大学生群体的一般效能感、应对方式与主观幸福感的关系进行研究时，实证分析的结果显示性别对主观幸福感的影响无差异。② 相反，刘军强和熊谋林等（2012）基于CGSS数据对幸福感进行实证分析发现，性别是解释

---

① Lawton M P. The Philadelphia Geriatric Center Morale Scale: a revision [J]. Journal of Gerontology,1975(1):85−89.
② 佟月华. 大学生一般自我效能感、应对方式及主观幸福感的相关研究 [J]. 中国学校卫生，2004（4）：396−397.

主观幸福感的重要因素，并且女性的幸福感会高于男性。① 黄立清和邢占军（2005）在对国外影响主观幸福感的因素进行综述研究以后，发现年龄和婚姻状况会对主观幸福感产生影响，随着年龄的增大，人们的生活满意度会出现上升的趋势。② 同时，由于已婚的人能够获得配偶的支持，因而其主观幸福感会高于单身或离异的群体。此外，严标宾和郑雪等（2003）的研究发现家庭的具体支持和情感支持有助于提高个人的积极情绪，从而有助于增强个人主观幸福感。③

二、经济因素

经济因素包含就业情况、个人和家庭的收入水平、个人消费水平等因素。收入与幸福感的关系是研究幸福感重要的关注点，一般而言，高收入群体的主观幸福感会高于低收入群体，但是也会存在当人们收入增加以后，幸福感并没有明显增加的情况，这便是所谓的"收入－幸福感悖论"或"Eatserlin 悖论"。"收入－幸福感悖论"是 Easterlin 在 1973 年研究国民经济增长和幸福感的关系时提出的观点，其内容是当国家变得富有，国民的平均幸福感并没有随之增加。Lim 等（2020）针对中国、韩国、日本、新加坡等东南亚国家的经济发展对国民幸福感影响进行测评发现，收入对幸福感的影响是最低的，社会价值观的影响更大，④ 在一定程度上验证了"Eatserlin 悖论"。对于收入是否会对幸福感产生作用，我国学者也进行了大量研究。魏钦恭（2019）从"收入－幸福"二元的视角探讨了收入与幸福的关系，指出收入增加不一定能提高总体幸福感，但是能够增加积极情感，减少消极情感。⑤ 刘军强、熊谋林等（2012）基于 CGSS 数据对国民经济增长时期国民幸福感的实证研究发现个人收入是解释幸福感的重要变量，并且经济发展可能是提升幸福感的动力。⑥ 罗楚亮（2009）基于我国城乡住户调查，研究了绝对收入和相对收入对主观幸福感的

---

① 刘军强，熊谋林，苏阳. 经济增长时期的国民幸福感——基于 CGSS 数据的追踪研究 [J]. 中国社会科学，2012（12）：82－102，207－208.

② 黄立清，邢占军. 国外有关主观幸福感影响因素的研究 [J]. 国外社会科学，2005（3）：29－33.

③ 严标宾，郑雪，邱林. 社会支持对大学生主观幸福感的影响 [J]. 应用心理学，2003（4）：22－28.

④ Lim H E,Shaw D,Liao P S,et al. The effects of income on happiness in East and South Asia: societal values matter?[J]. Journal of Happiness Studies,2020(2):391－415.

⑤ 魏钦恭. 多元视角下"幸福－收入"的异质关系 [J]. 青年研究，2019（6）：12－23，91.

⑥ 刘军强，熊谋林，苏阳. 经济增长时期的国民幸福感——基于 CGSS 数据的追踪研究 [J]. 中国社会科学，2012（12）：82－102，207－208.

影响，结果发现绝对收入与主观幸福感正相关，高收入组的幸福感高于低收入组。①

此外，收入差距会对国民的幸福感产生显著影响，社会收入差距越大，国民幸福感差距越大。Perez-Truglia（2020）对挪威国民收入与幸福感的实证研究发现，国民收入越透明，穷人和富人的幸福感差距越大，生活满意度差距也越大，这主要是源于人们对相对收入的自我认知变化。②我国学者何立新和潘春阳（2011）通过研究同样发现社会不均、收入差距会对居民幸福感产生负面影响，并且对低收入者的影响则更为明显。③

三、社会因素

研究各种群体幸福感的学者发现，个体所拥有的社交网络、人际支持和邻里关系和谐程度等社会资本会对其幸福感产生显著影响。人际关系是个人基于生活和生存所形成的社会关系网络，也是个人幸福感的一个重要预测因素。"心理不协调"理论对人际关系进行了论述，该理论认为个人期望的人际关系与实际拥有的人际关系存在较大差异时，容易产生孤独感，降低个人的主观幸福感。④张灵等（2007）基于对大学生群体人际关系困扰对主观幸福感的影响研究，提出社会关系主要由人际交友、人际交谈、与异性交往三个维度构成，并且人际交友困扰、人际交谈困扰、与异性交往困扰三个因素对生活满意度有预测作用，而人际交友困扰、人际交谈困扰和待人接物困扰对积极情感和消极情感有预测作用。⑤

社会支持是指来自社会、家庭、朋友和其他群体的具体行为支持和情感支持。目前许多研究发现社会支持是幸福感重要的预测因素，能够获得更好社会支持的个人会具有更高的主观幸福感。宋佳萌和范会勇（2013）基于社会支持和主观幸福感的元分析，发现社会支持与主观幸福感具有显著的相关关系，社

---

① 罗楚亮. 绝对收入、相对收入与主观幸福感——来自中国城乡住户调查数据的经验分析[J]. 财经研究，2009（11）：79-91.

② Perez-Truglia R. The effects of income transparency on well-being: evidence from a natural experiment[J]. American Economic Review, 2020(4):1019-1054.

③ 何立新，潘春阳. 破解中国的"Easterlin悖论"：收入差距、机会不均与居民幸福感[J]. 管理世界，2011（8）：11-22，187.

④ 吴捷. 老年人社会支持、孤独感与主观幸福感的关系[J]. 心理科学，2008（4）：984-986，1004.

⑤ 张灵，郑雪，严标宾，等. 大学生人际关系困扰与主观幸福感的关系研究[J]. 心理发展与教育，2007（2）：116-121.

会支持的提高有助于生活满意度和积极情感的提高,减少消极情感,可以作为主观幸福感的预测因素之一。① 严标宾和郑雪等(2003)对大学生群体社会支持对主观幸福感影响的实证研究发现,具有高社会支持的人往往幸福感比较高,并具有高度的生活满意度和积极情绪、较少的消极情绪,主要原因在于家庭、朋友、亲人的帮助可以增强个人的喜悦感、归属感,有助于提高个人的自信心和自尊心,能够使个人更好地应对生活事件,安定神经内分泌系统。② 吴捷(2008)将社会支持对幸福感影响的研究放在了老年人这一群体,研究发现老年人的社会支持、孤独感和主观幸福感显著相关,并且社会支持与正向体验和正向情感成正相关,与负向体验和负向情感负相关。③

四、心理因素

相关研究也表明,个体的人格、民族性格、自尊程度、生活态度、个性特征和成就动机等心理因素会对其幸福感产生影响。在现有的研究中,人格是影响幸福感的内在因素之一,人格会对主观幸福感产生影响已经获得了广泛的认同。人格是一个天生具有的内在特质,会受到遗传因素的影响。按照Costa和McCrae的人格五因素理论,人自身具有的人格一般可以划分为外倾性、神经质、经验的开放性、宜人性和严谨性五大人格。张兴贵和郑雪(2005)通过系统研究青少年大五人格与主观幸福感的生活满意度、正向情感和负向情感三个维度之间的关系,发现外倾性、生活满意度和正性情感存在正相关,能够提高主观幸福感;神经质与生活满意度和正性情感存在负相关,与负性情感存在正相关,能够降低主观幸福感,而严谨性是生活满意度的正预测指标。④ 此外,张陆、佐斌(2007)在对心理幸福感的影响因素进行探索时,发现人格因素可以用来有效预测心理幸福感,论证了人格对心理幸福感的影响。由此可见,人格对主观幸福感和客观幸福感都会产生影响。⑤ 心理学的快速发展,为论证多

---

① 宋佳萌,范会勇. 社会支持与主观幸福感关系的元分析[J]. 心理科学进展,2013(8):1357-1370.
② 严标宾,郑雪,邱林. 社会支持对大学生主观幸福感的影响[J]. 应用心理学,2003(4):22-28.
③ 吴捷. 老年人社会支持、孤独感与主观幸福感的关系[J]. 心理科学,2008(4):984-986,1004.
④ 张兴贵,郑雪. 青少年学生大五人格与主观幸福感的关系研究[J]. 心理发展与教育,2005(2):98-103.
⑤ 张陆,佐斌. 自我实现的幸福——心理幸福感研究述评[J]. 心理科学进展,2007(1):134-139.

种心理因素与幸福感之间的关系提供了理论和方法支撑。

五、福利保障因素

社会保障是由国家和政府提供，为公民在面临年老、疾病、生育、失业和工伤等社会风险的提供物质生活保障的制度。党的十九大召开以来，建立多层次的社会保障体系，提高民生保障水平与人民群众幸福感成为紧密相关的话题。因此，近两年对社会保障在提高居民幸福感上作用的研究显著增加，成为研究幸福感影响因素的重点内容。邢占军和褚雷（2020）从福利国家的视角出发，研究社会保障对幸福感的影响，发现社会福利和社会保障支出较多以及社会福利水平高的福利国家居民幸福感明显高于其他类型的福利国家，说明社会保障有助于增强居民的安全感。[①] 马红鸽和席恒（2020）使用 Ordered Probit 和 OLS 模型就收入差距和社会保障对主观幸福感的影响进行了实证分析，发现社会保障能够通过提高居民的收入和健康水平以提升幸福感和获得感，并且能够缓解收入差距拉大带来的负面影响。[②]

此外，在探讨社会保障与幸福感的关系中，社会保险对幸福感提升产生的影响是学界研究的重点。程名望和华汉阳（2020）基于上海市农民工购买社会保险对其主观幸福感作用的实证分析，发现农民工购买社会保险能够提高其主观幸福感，同时购买社会保险的数量与主观幸福感正相关。在社会保险中，医疗保险和养老保险对农民工主观幸福感影响的边际效应最大。[③] 桑林（2018）进一步从社会医疗保险参保和满意度方面对社会医疗保险提高居民主观幸福感的作用进行了实证分析，结果表明这两个因素能够提高居民的主观幸福感，并且主要是通过安全感和公平感对幸福感产生作用。[④] 同样地，孙玉栋和梅正午（2019）利用 Logistic 回归和中介模型对京津冀地区医疗保险与居民幸福感的关系进行了实证分析，发现基本医疗保险依托公共服务普惠性感知、充足性感知、均等化感知和便利性感知等中介作用，能够提升京津冀地区居民的主观幸

[①] 邢占军，褚雷. 福利国家视角下的幸福感研究与启示［J］. 东岳论丛，2020（3）：50—56.
[②] 马红鸽，席恒. 收入差距、社会保障与提升居民幸福感和获得感［J］. 社会保障研究，2020（1）：86—98.
[③] 程名望，华汉阳. 购买社会保险能提高农民工主观幸福感吗？——基于上海市2942个农民工生活满意度的实证分析［J］. 中国农村经济，2020（2）：46—61.
[④] 桑林. 社会医疗保险对居民幸福感的影响及内在机制研究［J］. 社会保障研究，2018（6）：31—45.

第二章　农村居民幸福感研究的基础理论

福感。① 基于上述研究能够发现，社会保障中的各类社会保险发挥着风险分担与兜底的功能，是促进和维持公民幸福感的压舱石和蓄水池。

---

① 孙玉栋，梅正午. 医疗保险对居民主观幸福感的影响研究——基于京津冀地区的实证分析[J]. 中国特色社会主义研究，2019（6）：19-27.

第三章　基本公共教育服务与农村居民幸福感：演进脉络

　　基本公共教育服务均等化和农村居民幸福感是本书聚焦的核心内容，将二者放在同一维度上思考是本研究的出发点和着力点。一方面，基本公共教育服务均等化既是我国推进基本公共服务均等化的必然要求，也是我国教育现代化的应然结果。提高基本公共教育服务的均等化水平，有利于缩小地区之间、城乡之间和校与校之间的公共教育资源分配差距，赋予全体学生相对公平的发展机会，从而推动农村居民的代际发展机遇公平。另一方面，农村居民始终是我国社会主义现代化关注的重点对象，也是我国建设社会主义新农村、精准扶贫和乡村振兴需要关注的关键群体，更是建设多层次社会保障体系和推进基本公共服务均等化的核心目标人群。因此，如何将基本公共教育服务均等化的成果惠及农村居民，使这一群体拥有更多的获得感和幸福感，是我国实现社会主义现代化和建设富强民主文明和谐美丽的社会主义现代化强国必须思考的议题。

　　根据前面章节所述和相关学者的研究，能够发现提升基本公共服务均等化水平会对农村居民的幸福感产生影响，因此成为提高我国农村居民安全感、获得感和幸福感的重要举措。具体到基本公共教育服务领域，这种影响也是普遍存在的，并且可能表现得更为突出。为进一步明晰二者之间的关系和作用机理，本章将纵向历史视角和横向比较视角相统一，重点呈现新中国成立以来我国基本公共教育服务的历史变革和阶段特点，梳理我国基本公共教育服务均等化的历史经验和演变规律。同时，基于文献计量和政策文本分析，对国内外的研究进行系统总结，明晰基本公共教育服务和农村居民幸福感的研究现状和发展趋势，从而为本研究提供理论基础和现实基础。此外，根据党中央和国务院的战略部署和政策导向，立足中国特色社会主义新时代乡村振兴战略全面实施的背景，强化提升农村居民幸福感的重要性和必要性。

第三章 基本公共教育服务与农村居民幸福感：演进脉络

第一节 基本公共教育服务发展历史概貌

基本公共教育服务作为基本公共服务的重要组成部分，长期被党和国家放在民生事业的突出位置。新中国成立以来，党和政府高度重视教育事业的发展，始终将促进教育现代化贯穿社会主义建设全过程，不断创新优化基本公共教育服务供给方式，增强政府主体服务供给能力。同时，在党的领导下，我国教育事业取得了突破性进展和辉煌成就，不仅建成了世界上规模最大的高等教育体系，在基础教育发展、义务教育普及等方面也取得了举世瞩目的成绩。

随着中国经济社会进入高质量发展新阶段，在基本公共服务均等化持续推进的前提下，国家和人民群众也对基本公共教育服务提出了新要求新需要。因此，进一步提升基本公共教育服务均等化程度，促进城乡基础教育均衡化发展，是新时代教育事业的题中应有之义。从历史比较来看，我国基本公共教育服务走过了七十多年的历史征程，积累了许多制度经验和实践经验。系统梳理新中国成立以来我国基本公共教育服务均等化的演变历程，归纳提炼每个阶段基本公共教育服务的重点目标、时代特征和特色举措，能够为实现城乡基本公共教育服务一体化发展提供历史智慧。本书通过政策文本分析，综合考虑政治改革、经济发展、制度变迁和关键历史事件等因素，将我国基本公共教育服务发展的历史演进具体划分为五个阶段（见表3-1）。

表3-1 我国基本公共教育服务发展的阶段划分

阶段	时间	主要特征	重点任务/举措
初步发展阶段	1949—1978年	基础教育和中等教育发展落后，国民文化素质普遍不高	提出教育现代化目标，促进基础教育服务规范发展
快速发展阶段	1978—2002年	科技和教育被放在突出位置，基本公共教育受到重视，投入增加	提出基本扫除青壮年文盲，基本普及九年义务教育两大目标
夯基提质阶段	2002—2012年	农村基本公共教育存在短板，城乡教育差距大	重点加大农村基础教育发展，全面普及义务教育
深化改革阶段	2012—2017年	区域、城乡、校际教育差距大，教育供给侧和需求侧不匹配	着力推进基本公共教育服务均等化，缩小城乡教育差距

续表3-1

阶段	时间	主要特征	重点任务/举措
高质量发展阶段	2017—至今	教育发展不均衡与人民群众对基本公共教育服务需求存在矛盾	全面提升基本公共教育服务均等化水平,增强人民群众获得感、幸福感

一、初步发展阶段(1949—1978年)

我国具有现代意义的基本公共教育服务可以追溯到新中国成立,新中国的诞生为我国各种教育事业的发展提供了稳定的环境和肥沃的土壤。教育部公布的数据显示,1950年我国人均受教育年限仅为1.6年,远远低于当时世界上发达的工业国家。[①] 同时,我国学前教育毛入园率仅为0.4%,小学净入学率仅为20%,初中毛入学率为3.1%,高中毛入学率为1.1%。[②] 这些数据都显示出我国基础教育和中等教育的落后,标志着我国基本公共教育服务处于滞后阶段,整体教育水平处于非常落后的境地。

在此背景下,随着国家各项制度和政府组织结构的建立健全,提升人民群众文化素质和知识水平变得越来越重要和急迫。为了改变中国教育底子薄、基础弱的现实状况,在党的领导下,我国教育部门先后颁布了一系列政策文件,要求大力发展义务教育。1949年12月,我国召开了新中国成立以来的第一次全国教育工作会议,这次会议明确了这一阶段我国教育工作的总方针。在这次会议的影响下,我国教育的性质从半殖民地半封建教育向新民主主义教育转变,具有现代意义和性质的教育在我国开始生根发芽。根据确定的教育总方针,1951年我国出台了《关于改革学制的决定》,这一政策文件对中小学的学习制度、各类学校的地位、学习年限以及相互衔接关系做出了明确规定,促进了中小学教育和师资队伍建设的规范化发展。次年,教育部又颁发了《小学暂行规程(草案)》和《中学暂行规程(草案)》两份文件,确定了中小学课程设

---

① 中华人民共和国教育部. 夯实千秋基业 聚力学有所教——新中国70年基础教育改革发展历程[EB/OL]. (2019-09-26)[2021-10-12]. http://www.moe.gov.cn/jyb_xwfb/s5147/201909/t20190926_401046.html.

② 中华人民共和国教育部. 2019年全国教育事业发展统计公报[EB/OL]. (2020-05-20)[2021-10-12]. http://www.moe.gov.cn/jyb_sjzl/sjzl_fztjgb/202005/t20200520_456751.html.

置框架和各学科大纲，全面推动了中小学教育的规范化发展。①

在这一阶段，我国教育事业的重点是大力发展中小学教育，补齐基础教育存在的短板，逐步规范基本公共教育服务的发展。换言之，大力普及教育，特别是中小学教育，是这个时期我国教育工作的核心任务。受国家政治制度和计划经济体制的影响，这个阶段的基本公共教育服务供给强调政府主导和公平享有。这一时期主要由政府这一单一主体进行供给，服务的水平和质量相对较低，教育资源处于相对稀缺的状态。尽管这一时期我国基本公共教育服务的平均水平不高，但是其在满足人民群众的基本公共教育需求、扫除文盲以及促进个体发展方面发挥了相当大的作用。相关数据显示，随着我国基础教育得到恢复，到1965年年底我国学前教育的毛入园率提高到4.2%，小学在校人数为11621万人，中学在校人数则为1784万人，全国扫盲人数累计达到10272.3万人。②此外，在人才培养方面，普通中等教育为我国培养了2000多万毕业生和劳动人口，为我国高等教育的发展奠定了基础。

二、快速发展阶段（1978—2002年）

随着经济社会进入新的发展阶段，我国教育事业面临的政治生态和社会文化环境发生了转变，进入了蓬勃发展的新时期。邓小平同志分管科技和教育工作，更为我国基本公共教育服务的恢复重建注入了强大动力，为教育朝着更加科学的道路发展指明了方向。1978年12月，党的十一届三中全会召开，提出以经济建设为中心，坚持改革开放和四项基本原则，标志着我国公共教育事业迎来了快速发展的春天，迈进了现代化发展的新阶段。在以邓小平同志为核心的第二代中央领导集体的带领下，我国教育事业摆脱了落后局面，进入了发展的快车道。

这一时期，我国基本公共教育服务的地位不断得到提升，投入也得到大幅度增加，很多先进科学的思想和理念融入教育领域。1982年颁布的《中华人民共和国宪法》明确提出要"普及初等义务教育"，从宪法层面突出强调了发

---

① 中华人民共和国教育部. 夯实千秋基业 聚力学有所教——新中国70年基础教育改革发展历程[EB/OL]. (2019-09-26)[2021-10-12]. http://www.moe.gov.cn/jyb_xwfb/s5147/201909/t20190926_401046.html.

② 中华人民共和国教育部. 2019年全国教育事业发展统计公报[EB/OL]. (2020-05-20)[2021-10-12]. http://www.moe.gov.cn/jyb_sjzl/sjzl_fztjgb/202005/t20200520_456751.html.

展和普及初等义务教育的重要性，为基本公共教育服务的发展提供了有力法律保障。① "普及初等义务教育"被写入宪法，意味着这成了改革开放初期到20世纪末期的重点任务和核心工作。在根本大法的指导下，随着中小学教育改革的推进，又提出了"教育要面向现代化，面向世界，面向未来"的理念。这一理念为我国基本公共教育事业的发展提供了宏大愿景和行动指南，成为我国开展教育改革的总方针。在该方针的指引下，1985年中共中央出台了《关于教育体制改革的决定》，要求大力推进教育体制机制改革，有步骤、有阶段地实施九年义务教育。② 该政策还明确规定，地方政府在发展和普及九年义务教育上承担着主导责任，国家要充分调动地方政府普及九年义务教育的积极性和能动性。

为了更加顺利推动九年义务教育的发展，减少政策实施过程中的阻力，1986年我国新制定和出台了《义务教育法》，并将"九年义务教育"写入了这一专门的法律，为义务教育的普及提供了强有力的法律保障，促进了我国基础教育法制化发展。③ 义务教育制度从法律层面得到认可，标志着实现这一任务是该阶段各级党委政府的重要目标，是国家维护教育公平、赋予每个公民平等受教育的权利和发展机会的表现。全面普及九年义务教育，扫除文盲半文盲人口，是国家和政府工作的聚焦点和着力点。

1992年党的十四大召开，明确提出我国要建设社会主义市场经济体制，实现计划经济向市场经济的转型和过渡。在基本公共教育发展层面，该会议也提出"到本世纪末，基本扫除青壮年文盲，基本实现九年制义务制教育（简称两基）"④。1993年，中共中央和国务院又印发了《中国教育改革和发展纲要》，明确提出"到20世纪末，全国基本扫除青壮年文盲，基本普及九年义务教育，广大农村积极发展学前一年教育"⑤。此后，在1994年召开的全国教育工作会议上，"两基"从国家目标变成了具体行动，并且明确了1996年、1998年和2000年三个时间节点的阶段任务。经过各级党委政府和人民群众的共同努力，

---

① 柳欣源. 义务教育公共服务均等化的制度构建 [D]. 华东师范大学，2017.
② 中华人民共和国教育部. 中共中央关于教育体制改革的决定 [EB/OL]. (1985-05-27) [2021-10-12]. http://www.moe.gov.cn/jyb_sjzl/moe_177/tnull_2482.html.
③ 柳欣源. 义务教育公共服务均等化的制度构建 [D]. 华东师范大学，2017.
④ 共产党员网. 加快改革开放和现代化建设步伐，夺取有中国特色社会主义事业的更大胜利——江泽民在中国共产党第十四次全国代表大会上的报告 [EB/OL]. (1992-10-12) [2021-10-12]. https://fuwu.12371.cn/2012/09/26/ARTI1348641194361954.shtml.
⑤ 中共中央国务院关于印发《中国教育改革和发展纲要》的通知 [J]. 中华人民共和国国务院公报，1993 (04)：143-160.

第三章 基本公共教育服务与农村居民幸福感：演进脉络

我国于2000年12月底按照原定计划顺利实现了基本扫除青壮年文盲，以及九年义务教育基本普及的宏伟目标。相关数据显示，截至2000年底，我国九年义务教育普及率达到85%，青壮年文盲率下降到5%以下，创造了世所罕见的扫盲成就。[①]

基本扫除青壮年文盲，基本普及九年义务教育是我国基础教育的关键性任务。义务教育的普及，在很大程度上实现了教育的相对公平，推动了基本公共教育服务朝着更加均衡的方向发展。在该阶段，我国基本公共教育服务得到了初步发展，其质量和水平有所上升。随着我国经济体制由计划经济转变为市场经济，基本公共教育服务的供给方式也发生了转变。主要表现在由计划时期"政府统一配置，追求绝对公平"的方式转变为市场经济时期"以政府供给为主导，其他社会力量参与"的供给方式，服务供给的专业化水平也得到了快速提升。

三、夯基提质阶段（2002—2012年）

进入21世纪以来，我国基本公共教育服务迎来了新的发展局面，教育事业不断取得突破。在基本普及九年义务教育的基础上，我国将教育事业的工作重心放到了农村地区和边远地区。根据当时的现实条件和发展现状，我国对基础教育发展进行了谋篇布局，明确了重点任务和突破点。2003年，国务院召开了新中国成立以来的首个农村教育工作会议，对农村基础教育发展的现状进行了分析，并针对西部农村地区提出了到2007年实现"两基"目标的战略布局。[②] 该阶段我国城乡教育发展水平存在巨大差距，在西部农村地区、少数民族地区和连片贫困地区，教育资源仍处于绝对匮乏的状态。因此，农村地区是我国基本公共教育服务发展较为薄弱困难的一环，只有实现农村地区的"两基"目标，我国才有可能建设成为教育强国。

农村地区的教育短板问题限制了我国教育现代化发展的进程，城乡教育水平、教育资源、教育质量和教学条件的差距，引起了党中央和国务院的高度重视。为了缩小城乡教育的差距，着力提升农村地区的教育水平，我国先后出台

---

① 中华人民共和国教育部. 中国教育的发展动力——庆祝改革开放40年系列述评·深化改革篇[EB/OL].（2018-12-10）[2021-10-12]. http://www.moe.gov.cn/jyb_xwfb/moe_2082/zl_2018n/2018_zl90/201812/t2018 1210_362815.html.

② 中华人民共和国教育部. 夯实千秋基业 聚力学有所教——新中国70年基础教育改革发展历程[EB/OL].（2019-09-26）[2021-10-12]. http://www.moe.gov.cn/jyb_xwfb/s5147/201909/t20190926_401046.html.

了一系列政策文件。2001年，为解决农村义务教育面临的经费缺口问题，国务院出台了《关于基础教育改革与发展的决定》，该文件强调要重点改革农村的基础教育管理体制，明确农村的义务教育管理要以县为单位，开启了"人民教育政府办"的发展进程。[①]该政策强化了县级政府在义务教育发展中的主体责任，确定了义务教育经费由县政府财政支付的制度，但是这种权力和责任分配加剧了我国中西部地区普遍存在的财政紧张和困难的情况。受"小马拉大车"困境的影响，县级政府的财政实力难以维持义务教育的可持续发展，导致中西部地区出现了义务教育质量下降的问题。

在此背景下，国务院对各级政府在义务教育普及和发展中具有的权力及承担的责任进行了调整。2005年，国务院又颁发了《关于深化农村义务教育经费保障机制改革的通知》，该政策明确提出将农村义务教育全面纳入政府公共财政的保障范畴，建立中央和地方分项目、按比例承担的农村义务教育经费保障机制。义务教育经费保障机制的建立，分担了地方政府的财政负担，极大增强了教育经费投入的稳定性和持久性。[②]在此基础上，2006年新修订的《义务教育法》在法律层面规定了义务教育免费的原则，并对义务教育经费保障机制改革的内容进行了确定。同年，西部农村地区的义务教育开始免收学杂费。这项政策于2007年春季扩散到全国农村地区，并于2008年在全国铺展开来。正是以上一系列的重大举措，推动我国义务教育进入了完全免费的发展阶段，成为惠及全体人民的一项重大公共服务。

九年义务教育实现完全免费以后，国家还针对农村地区实施了"营养午餐"、"两免一补"、"寄宿制学校建设"、农村教师"特岗计划"等政策，促进了农村基本公共教育水平的大幅提升。在各种政策的层层叠加之下，我国西部农村地区于2007年顺利实现了"两基"目标，农村基础教育的面貌得到了根本性改变。在此基础上，我国于2011年全面实现了基本扫除青壮年文盲、九年义务教育普及的目标。在这一阶段，农村成为我国基础教育事业攻坚的主阵地，农村地区的基本公共教育服务得到了快速发展，城乡教育均衡发展取得实质性进步。

---

① 中华人民共和国教育部. 国务院关于基础教育改革与发展的决定[EB/OL]. (2001-05-29)[2021-10-12]. http://www.moe.gov.cn/jyb_xxgk/moe_1777/moe_1778/201412/t20141217_181775.html.

② 中华人民共和国教育部. 国务院关于深化农村义务教育经费保障机制改革的通知[EB/OL]. (2005-12-24)[2021-10-12]. http://www.moe.gov.cn/jyb_xxgk/moe_1777/moe_1778/tnull_27721.html.

第三章　基本公共教育服务与农村居民幸福感：演进脉络

在服务型政府建设的导向下，党和政府更加注重公共服务体系的建设，并初步提出了实现基本公共教育服务均等化的概念，明确了统筹城乡基本公共教育服务均等化的重要性。2010年7月，我国出台的《国家中长期教育改革和发展规划纲要（2010—2020年）》明确提出："要建成覆盖城乡的基本公共教育服务体系，逐步实现基本公共教育服务均等化，缩小区域教育发展差距。"[①] 2012年10月，时任中共中央总书记的胡锦涛同志在政治局集体学习时，也进一步强调"坚持将教育摆在优先发展战略位置，统筹城乡和区域教育发展，努力办好让人民满意的教育"[②]。由此能够看出，在这一阶段，我国不仅实现了九年义务教育的高水平发展，还更加关注基本公共教育服务的均等化发展。基本公共教育服务得到党和政府的高度重视，从政策层面获得认可，有力保障了我国推进教育现代化这一重要目标。基本公共教育服务均等化发展被提出，意味着人民群众对基本公共教育服务需求明显增加，而城乡之间、地区之间和校与校之间仍存在资源分配不均衡的问题。

四、深化改革阶段（2012—2017年）

党的十八大以来，我国进入了全面深化改革阶段。我国经济发展进入新常态阶段，表明我国发展的国内外环境发生了变化。在此背景下，完善民生保障和兜底保障，促进基本公共服务均等化成为重点任务。基本公共教育服务作为公共服务的组成部分，实现均等化变得至关重要。

随着我国经济社会和国内外环境发生深刻变革，解决各领域普遍存在的发展不充分不均衡问题成为深化改革的核心。在全面深化改革阶段，政府从管理型向治理型转变，以习近平同志为核心的党中央高度关注民生保障工作，多次强调要积极推进基本公共服务均等化。实现基本公共教育服务均等化也成了推动基本公共服务均等化和建设人才强国、教育强国的必然要求。从政策文本分析来看，这一阶段我国有关基本公共教育服务均等化的发文量快速增长，有关该领域的研究成果也不断增多。2012年国务院出台的《关于深入推进义务教育均衡发展的意见》，明确提出要不断稳固九年义务教育水平，到2015年整个

---

① 中华人民共和国教育部. 国家中长期教育改革和发展规划纲要（2010—2020年）[EB/OL]. (2010-07-29) [2021-10-12]. http://www.moe.gov.cn/srcsite/A01/s7048/201007/t20100729_171904.html.

② 共产党员网. 中共中央政治局集体学习 胡锦涛强调优先发展教育[EB/OL]. (2010-10-26) [2021-10-12]. https://www.12371.cn/2012/10/26/ARTI1351217182019207.shtml?from=groupmessage.

国家的义务教育巩固率达到83%，实现基本均衡的县（市、区）达到65%；而到了2020年，这两个重要指标均应达到95%。① 同年7月，由国务院颁发的《国家基本公共服务体系"十二五"规划》在规划"十二五"时期的基本公共服务体系时，针对基本公共教育服务的重点任务，明确提出要"重点巩固提高九年义务教育，基本普及高中阶段教育和学前一年教育，完善以政府为主导、多种方式并举的家庭经济困难学生资助政策，建立健全基本公共教育服务体系"②。

随着全面深化改革的推进，大力推动基本公共教育均等化发展，实现城乡义务教育均衡发展越来越受到重视。为优化城乡义务教育资源的配置，2016年国务院又印发了《关于统筹推进县域内城乡义务教育一体化改革发展的若干意见》，该政策提出了统筹城乡义务教育资源均衡发展的十大举措，例如同步建设城镇学校、努力办好乡村教育、科学推进学校标准化建设、实施消除大班额计划、统筹城乡师资配置等。③ 总体上来看，义务教育作为我国教育事业的基础，是国家必须保障的公益性事业和优先发展的基本公共事业，始终被放在国家教育工作的核心位置。在习近平新时代中国特色社会主义思想的指导下，我国义务教育事业取得了巨大进展，城乡之间的差距不断缩小。2017年教育部颁布的《县域义务教育优质发展督导评估办法》基于我国教育发展的现实判断，明确指出经过党和政府带领全国各族人民的长期努力，我国义务教育由"基本均衡"进入了"优质均衡"阶段。④ 随着基本公共服务均等化水平不断提升，我国基本公共教育服务也朝着更加均衡的方向发展，教育公平和发展公平得到了充分的政策保障。

---

① 中华人民共和国教育部. 国务院关于深入推进义务教育均衡发展的意见[EB/OL]. (2012-09-05)[2021-10-12]. http://www.moe.gov.cn/jyb_xwfb/xw_zt/moe_357/jyzt_2016nztzl/ztzl_xyncs/ztzl_xy_zcfg/201701/t201701 17_295047.html.

② 中华人民共和国中央人民政府. 国务院关于印发国家基本公共服务体系"十二五"规划的通知[EB/OL]. (2012-07-11)[2021-10-12]. http://www.gov.cn/zwgk/2012-07/20/content_2187242.htm.

③ 中华人民共和国中央人民政府. 国务院印发关于统筹推进县域内城乡义务教育一体化改革发展的若干意见[EB/OL]. (2016-07-11)[2021-10-12]. http://www.gov.cn/xinwen/2016-07/11/content_5090312.htm.

④ 中华人民共和国教育部. 我国义务教育将从基本均衡走向优质均衡——教育部发布《县域义务教育优质均衡发展督导评估办法》[EB/OL]. (2017-05-24)[2021-10-12]. http://www.moe.gov.cn/jybxwfb/xwfbh/moe 20 69/xwfbh2017n/xwfbh070523/170523mtbd/201705/t20170524305659.html.

第三章　基本公共教育服务与农村居民幸福感：演进脉络

五、高质量发展阶段（2017—至今）

从政策演变的轨迹能够发现，"基本公共教育服务均等化"自被提上政策日程以来，得到了党和政府的高度重视，相关的资源投入和政策支持日益增加。促进基本公共教育服务均等化既是我国推进基本公共服务均等化的核心要义，也是稳固拓展九年免费义务教育成果的有效抓手。在上一发展阶段，经过多项政策的支持和助力，我国基本公共教育服务均等化水平不断提升，城乡义务教育均衡发展取得了明显成效，为国家治理体系和治理能力现代化奠定了现实基础。

在2017年10月召开的党的十九大上，以习近平同志为核心的党中央经过对我国经济社会发展情况的研判，明确指出中国经济由高速增长阶段转向高质量发展阶段。这一时期，我国社会的主要矛盾已经转变为人民日益增长的美好生活需要与不平衡不充分的发展之间的矛盾，要求持续进行深化改革，做好民生保障工作。① 从需求来看，随着生产力和经济发展水平的提高，人民群众的需求也发生了根本性改变。在该阶段，人民群众不仅对物质文化有了更高要求，公平、正义、民主、法治、安全和生态环境等高层次需求也出现了爆炸式增长。就基本公共教育服务而言，城乡之间、区域之间和校与校之间的发展不平衡是突出性问题，社会发展呼唤更加均衡的基本公共教育服务。

高质量发展时期的基本公共教育服务，不仅要让适龄孩子"有学上"，更重要的是做到"上好学"。这一时期，人民群众的获得感成为我国基础教育发展的价值导向，均衡发展教育和不断提升教育质量成为我国基本公共事业启航的新坐标。党的十九大报告在民生保障部分，也明确指出"要努力让每个孩子都能享受到公平而有质量的教育"，办好让人民满意的基础教育。高质量发展时期，我国基本公共教育处在从基本均衡走向优质均衡的阶段，促进基本公共教育高质量发展成了时代新要求。

通过整体分析这一阶段的教育事业发展和基本公共服务均等化现状，能明显发现基本公共教育服务的地位获得了进一步提升，成为我国建设人才强国、科技强国和教育强国的重要基础。补齐基础教育的短板，推进义务教育均衡发展，能够将我国人口优势转化为人力资源优势。此外，能够为实现人力资源优势向人才优势转变提供动力和源泉。在政治引领层面，不断提高基本公共教育

---

① 中华人民共和国中央人民政府. 习近平：决胜全面建成小康社会 夺取新时代中国特色社会主义伟大胜利——在中国共产党第十九次全国代表大会上的报告［EB/OL］.（2017-10-27）［2021-10-12］. http://www.gov.cn/zhuanti/2017-10/27/content_5234876.htm.

服务均等化水平,破解教育发展不均衡的难题,是新时代我国教育事业发展的主旋律之一。在政策支持方面,有关基本公共服务均等化和基础教育、义务教育等相关政策数量大幅增长,为不断推进基本公共教育服务均等化营造了良好社会氛围。2017年1月,国务院印发了《"十三五"推进基本公共服务均等化规划的通知》,将"基本公共服务均等化"明确为"十三五"时期需要深入贯彻落实的重点任务。① 在这份规划文件中,明确提出国家基本公共服务的制度框架。该框架从供给侧和需求侧两个维度明确了推进基本公共服务均等化的服务清单、重点任务、保障措施和实施机制(如图3-1所示)。此外,该文件也提出到2020年在学有所教、劳有所得、病有所医、老有所养、住有所居等方面取得持续突破,并且要求九年义务教育巩固率和九年教育基本均衡县(市、区)的比例都达到95%。

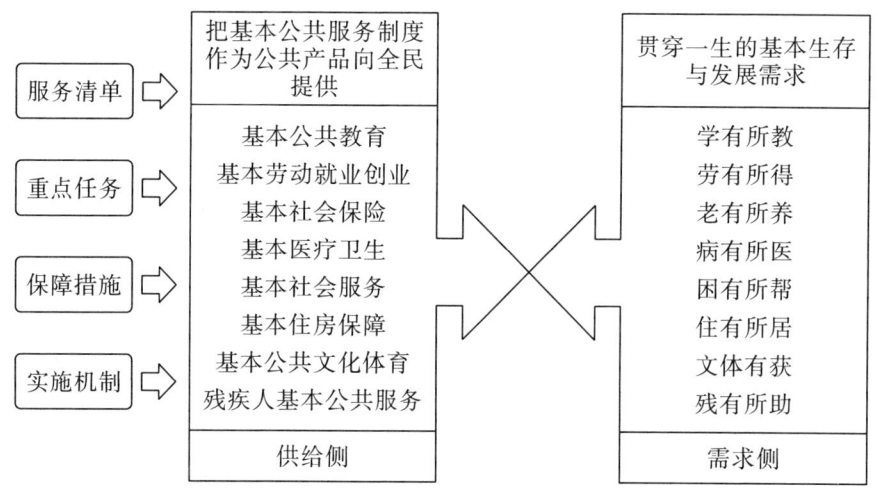

图3-1　国家基本公共服务制度框架

资料来源:国务院颁发的《"十三五"推进基本公共服务均等化规划》

在这一时期,基本公共教育服务的范围从以前主要关注九年义务教育拓展到普惠性学前教育、义务教育和高中教育等,成为一个种类丰富的教育集合。尽管这些教育被考虑在内,但是基本公共教育服务均等化的重心依然被放在义务教育阶段。国家明确提出要促进义务教育学校标准化建设,高中阶段教育设施建设,实施学前教育行动,加强教师队伍和信息化建设。为进一步促进基本

---

① 中华人民共和国中央人民政府. 国务院关于印发"十三五"推进基本公共服务均等化规划的通知[EB/OL]. (2017-01-23) [2021-10-12]. http://www.gov.cn/zhengce/content/2017-03/01/content_5172013.htm.

第三章　基本公共教育服务与农村居民幸福感：演进脉络

公共教育服务均等化发展，中共中央办公厅、国务院办公厅于2018年7月印发了《关于建立健全基本公共服务标准体系的指导意见》，明确要求建立基本公共服务标准体系，以标准化助推基本公共服务均等化、普惠化、便捷化。[①] 该政策将构建基本公共服务标准化体系作为我国推进国家治理体系和治理能力现代化的基本支撑，提出到2030年总体实现基本公共服务均等化，为社会主义现代化提供坚实保障。

总体而言，该阶段基本公共教育服务均等化是我国建成全面小康社会的必然任务，是国家发展战略的具体表现。在习近平新时代中国特色社会主义思想的指导下，各地基本公共教育服务发展十分迅速，现代化的教育体系基本建成，教育质量和水平实现了质的飞跃。从整体效果来看，九年义务教育得到持续巩固，城乡教育资源的差距有所缩小，农村居民基础教育的可及性较高。同时，互联网和各种教育资源紧密结合，空间和时间的阻碍被打破，推动了基本公共教育服务朝着虚拟化和智慧化方向发展。在这种背景下，更多教育资源向基层和农村地区流入，获得基本公共教育服务的机会变得更加均等。尽管基本公共教育服务均等化取得了一系列可喜的效果，但是我国教育资源分配不均衡的问题仍然存在，地区、城乡和校与校之间的差距亟待进一步缩小。

现阶段，我国已经顺利完成了全面建成小康社会的第一个百年目标，绝对贫困已经被消除，农村基本公共教育服务均等化不断进阶提升。在开启第二个百年目标、建设社会主义现代化强国的新征程中，人民群众必将对基本公共教育提出更高要求，持续推进基本公共教育服务均等化仍然是关键性工作。2020年10月召开的党的十九届五中全会提出，基本公共服务均等化水平明显提高，全民受教育程度不断提升是我国"十四五"时期的重要目标；建成人才强国、教育强国，基本公共服务实现均等化是我国2035年的远景目标。此外，全会还强调"要尽力而为、量力而行，健全基本公共服务体系，完善共建共治共享社会治理制度，扎实推动共同富裕，不断增强人民群众的获得感、幸福感、安全感，促进人的全面发展和社会全面进步"[②]。由此可见，基本公共服务在提高人民群众幸福感上发挥着不可或缺的作用，坚持推进基本公共教育服务均等化，必将能为人民群众幸福感提升创造条件。

---

① 中华人民共和国中央人民政府. 中共中央办公厅 国务院办公厅印发关于建立健全基本公共服务标准体系的指导意见[EB/OL]. (2018-07-06)[2021-10-12]. http://www.gov.cn/xinwen/2018-12/12/content_5348159.html.
② 共产党员网. 中国共产党第十九届中央委员会第五次全体会议公报[EB/OL]. (2020-10-29)[2021-10-12]. https://www.12371.cn/2020/10/29/ARTI1603964233795881.shtml.

综上所述,通过回顾新中国成立以来我国基本公共教育服务的历史演进,能够发现我国基本公共教育服务的重心始终聚焦在义务教育的发展,并且实现了教育质量、教育结果、教育公平的飞跃发展。随着经济体制、社会转型和政府职能的优化,我国基本公共教育服务由单一的政府供给模式转变为以政府为主导、多元主体共同参与的格局。同时,在扭转城乡基本公共教育服务资源差异方面,我国大力推进基本公共教育服务均等化,努力构建城乡一体化的教育制度,为农村学生提供了更加公平公正的教育机会。

第二节 当前研究现状

为了深入研究基本公共教育服务均等化与农村居民幸福感之间的关系,探索基本公共教育服务均等化是否会对这一群体幸福感产生影响以及产生多大程度的影响,本书利用文献研究法对目前关于基本公共教育服务均等化、农村居民幸福感的研究现状进行了全面系统的梳理和分析,从而为研究设计和实证分析提供文献基础。

一、基本公共教育服务均等化的研究现状

从学术研究的历史维度来看,国内学者对义务教育发展的研究比较早,并且形成了系统化认识。对于基本公共教育服务均等化的研究则主要开始于2010年前后,国务院出台的《国家中长期教育改革和发展规划纲要(2010—2020年)》中明确提出"要建成覆盖城乡的基本公共教育服务体系,逐步实现基本公共教育服务均等化"[1],为我国推进基本公共教育服务均等化提供了方向指导和政策保障。自从"基本公共教育服务均等化"这一概念在政策文件中被提出以来,吸引了国内众多学者对这一领域的关注,发文量也呈现出逐年上涨的趋势。从学者聚焦的内容来看,"基本公共教育服务均等化""义务教育均等化""教育基本公共服务均等化"常常被混淆使用,这在一定程度上狭义化了基本公共教育服务的内涵和范围。具体而言,学者关注的话题主要聚焦在"基本公共教育服务均等化的内涵和价值追求""基本公共教育服务均等化的影响因素""基本公共教育服务均等化的水平评估"以及"基本公共教育服务均

---

[1] 中华人民共和国中央人民政府. 国家中长期教育改革和发展规划纲要(2010—2020年)[EB/OL]. (2010-07-29)[2021-10-12]. http://www.gov.cn/jrzg/2010-07/29/content_1667143.htm.

第三章　基本公共教育服务与农村居民幸福感：演进脉络

等化的实现路径"。从研究方法来看，对于基本公共教育服务均等化的研究主要以理论研究和实证研究为主，研究的视野比较开阔。

（一）基本公共教育服务均等化的内涵和价值追求

关于基本公共教育服务均等化的内涵，目前政府尚未在政策文件中进行明确定义和解读。2012年，由国务院颁发的《国家基本公共服务体系"十二五"规划》对基本公共服务、基本公共服务均等化以及基本公共服务体系等概念进行了详细定义。在该政策文件中，基本公共服务均等化指的是全体公民都能公平可及地获得大致均等的基本公共服务，其核心是机会均等，而不是简单的平均化和无差异化。[①] 从此概念出发，能够看出其强调的均等化主要聚焦为机会均等，其主要特征是公平性和可及性。关于基本公共教育服务均等化的内涵，尽管不同学者从不同视角进行了剖析，但是其本质和核心相对统一。刘琼莲（2014）认为实施基本公共教育服务均等化的主要目的是维护教育公平、实现教育的和谐发展，其强调基本公共教育服务均等化倾向于为全体公民提供均等的教育机会，以维护个体的教育权利。[②] 在其看来，教育的和谐发展要求实现基本公共教育服务均等化和差异化的和谐统一。唐丽娜和王记文（2016）通过辨析均等化和平等化的差异，结合《国家基本公共服务体系"十二五"规划》的精神，将基本公共教育服务均等化理解为"全体学生都能公平、可实现地获得大致均等的基本公共教育服务"[③]，核心要义为机会平等，这种机会的获得不受个人家庭背景和经济条件的影响。

（二）基本公共教育服务均等化的影响因素

基本公共教育服务均等化程度受到多种因素的影响，其中最为突出的是经济发展水平、主体责任、财政投入以及政策保障等。孙涛（2015）重点分析了政府责任、公共财政投入和基本公共教育服务均等化之间的关系，指出教育公平是政府发展教育事业的目标遵循，政府是基本公共教育服务主要供给者，但并非唯一的供给主体。基于政府在基本公共教育服务中的责任，推

---

① 中华人民共和国中央人民政府. 国务院关于印发国家基本公共服务体系"十二五"规划的通知[EB/OL]. (2012-07-11)[2021-10-12]. http://www.gov.cn/zwgk/2012-07/20/content2187242.html.
② 刘琼莲. 论基本公共教育服务均等化及其判断标准[J]. 中国行政管理，2014（10）：33-36.
③ 唐丽娜，王记文. 基本公共教育服务均等化及其影响因素[J]. 青年研究，2016（3）：58-66，95-96.

进基本公共教育服务均衡发展,需要以公共财政为资金保障。针对我国基本公共教育发展存在的区域差异、城乡差异和投入不足的问题,该学者强调要增强公共财政投入和产出效益,构建促进教育均衡的转移支付制度以及科学合理的效益评价和绩效评估制度。[①] 刘畅(2015)的研究发现公共财政是影响基本公共教育服务均等化的重要因素,并从理论层面探讨了完善财政支出法律保障制度的重要性。其同样强调政府在满足公众基本公共教育需求中负有主导责任,财政投入是其履行职责的核心手段。基于我国基本公共教育服务财政支出占财政总支出的比例过低、财政支出法律保障制度不够健全完善的问题,其强调未来应重点完善公共教育财政支出法律保障制度,并秉持制度的"公共性"精神,提高公共教育财政预算和支出的信息透明度。[②] 唐丽娜和王记文(2016)依托于2013—2014年的"中国教育追踪调查"数据,经过实证分析发现,初中义务教育阶段学生在享受免书本费、营养午餐和贫困学生补助等方面存在明显的城乡差异、县际差异和内外部差异。[③] 基于实证分析的结果,其认为初中义务教育均等化发展在我国还未完全实现,解决城乡、县域之间基本公共教育服务的差距,着眼点应放在突破县际存在的政策和行政壁垒上。具体而言,要树立统筹发展的理念,破除地方保护主义,加大对流动人口随迁子女的基本公共教育服务保障。

(三)基本公共教育服务均等化的水平评估

对于基本公共教育服务均等化水平的评估,国内学者主要聚焦评估指标筛选、评估模型构建以及评价标准确定等方面。唐名阳和陈奕云等人(2018)从环境发展和空间布局的视角出发,利用修正后的覆盖度模型和人口耦合度模型分别对宁波市公立小学的实际供给能力和服务能力进行了系统测评,从而获得了宁波市各区(县)基本教育设施均等化水平的数据结果。该结果发现市域内各小学之间存在较为明显的空间供给能力差异,这为宁波市提高各区(县)公立小学服务能力和覆盖范围提供了参考,具有明确的现实关怀价值。[④] 崔慧广(2014)也提出在目前我国的经济社会发展条件下,在县级层面推动城乡义务

---

① 孙涛. 政府责任、财政投入与基本公共教育均等[J]. 财政研究,2015(10):26—32.
② 刘畅. 推进基本公共教育服务均等化的财政支出法律制度研究[J]. 现代教育管理,2015(6):71—75.
③ 唐丽娜,王记文. 基本公共教育服务均等化及其影响因素[J]. 青年研究,2016(3):58—66,95—96.
④ 唐名阳,陈奕云,刘艳芳,等. 宁波市基本教育设施均等化研究——以公立小学为例[J]. 现代城市研究,2018(5):24—32.

第三章　基本公共教育服务与农村居民幸福感：演进脉络

教育均衡发展、实现基本公共教育服务均等化是较为科学的现实路径选择。围绕县域基本公共教育服务均等化的内涵，其在分析主客体和均等化依据的基础上，将县级层面的基本公共教育服务分为"初步均等化"和"基本均等化"两个阶段。前者主要追求教育机会和资源配置的均等，主要评估指标为择校生占一所学校全部学生的比重，学校人力、物力和财力资源的投入等；后者则聚焦教育服务质量和教育结果的均等，设置的评价指标为九年义务教育巩固率，以及学生中考的平均成绩。① 在测评方法层面，基于对变异系数的优化，构建了县域基本公共教育服务均等化发展指数，以对县域内校与校之间教育均等化程度进行评估。

此外，还有一些学者将管理学和经济学的测评工具和方法引入了基本公共教育服务领域，创新了基本公共教育服务均等化的方法论和技术工具。针对基本公共教育服务均等化绩效考核存在对教育过程均等化缺乏充分审视、衡量教育结果的指标操作性不强的问题，罗哲（2014）提出了一个更加关注教育过程和结果的绩效考核框架。② 该框架的考核对象主要集中在促进基本公共教育服务均等化的政府行为和教育均等化结果两个层面，考核过程遵循系统性、动态性、公众参与和专业评价有机融合的原则，考核的具体维度为公众与社会、教育资源配置、内部流程、学习和发展四个。③ 从框架构成要素来看，能够发现这一考核框架立足教育机会平等、教育过程和教育结果等多方面，比较全面合理。在该框架的基础上，罗哲等人将人力资源管理测评中常用的平衡计分卡引入了基本公共教育服务均等化的绩效评估领域，并进行了适应性改造。基于平衡计分卡，构建起了由社会、财务、内部流程、学习和发展四个维度构成的绩效考核框架，并提出了具体的评估指标。④ 罗哲等人提出的以平衡计分卡为核心的绩效考核框架和指标体系，为全国和各省市评估基本公共教育服务均等化提供了重要工具，拓展了衡量均等化水平的技术手段。

（四）基本公共教育服务均等化的实现路径探索

关于实现基本公共教育服务均等化的路径，国内学者主要从城乡基础教育

---

① 崔慧广. 县域基本公共教育服务均等化：分析框架、评价指标与测算方法［J］. 教育理论与实践，2014（31）：18—22.
② 罗哲. 构建基本公共教育服务均等化绩效考核新框架［J］. 人民教育，2014（18）：39—40.
③ 罗哲. 构建基本公共教育服务均等化绩效考核新框架［J］. 人民教育，2014（18）：39—40.
④ 罗哲，张宇豪. 基本公共教育服务均等化绩效评估理论框架研究——基于平衡计分卡［J］. 四川大学学报（哲学社会科学版），2016（2）：132—138.

和义务教育一体化机制构建、公共财政投入保障制度、教师资源均衡配置，以及教育均等化绩效考核和评价机制创新等方面进行探索。薛二勇和李健（2019）运用政策路线图理论，基于文本分析和影子评价法对我国基本公共教育服务均等化的政策进行了系统分析。其分析结果发现，我国主要通过十项具体政策来实现基本公共教育服务均等化，这些政策主要包括促进义务教育学校建设标准化、推动城乡义务教育均衡发展、大力发展乡村学校支撑乡村振兴以及随迁人员子女平等享受基本公共服务。① 龙翠红和易承志（2017）从政策变迁的视角出发，回顾了改革开放以来我国义务教育政策的发展历史，总结出政策呈现出从侧重分殊化到强调均衡化的转变。基于问题导向，其提出实现义务教育均衡发展，促进基本公共教育服务均等化要发挥教育发展规划的引领功能、建构城乡教育资源一体化配置制度、强化义务教育权力保障制度和创新义务教育均衡发展的绩效评估制度。② 整体而言，在探讨基本公共教育服务均等化的实现路径时，国内学者主要聚焦在九年义务教育的均衡发展，对学前教育、高中教育的研究较为缺乏。

杨清荧（2017）认为制约我国实现城乡基本公共教育服务均衡化发展的主要因素是城乡二元结构造成的教育体制、教育制度和资源配置分割问题。为推进新型城镇化，顺利实现全面建成小康社会的宏伟目标，其提出促进城乡基本公共教育服务一体化发展的主要路径是：坚持以教育公平和特色化发展理念指导城乡一体化教育体制设计，着重破除城乡教育一体化存在的制度壁垒，大力优化城乡教育一体化的空间谋划、教师资源配置等。③ 此外，还有一些学者基于具体案例分析和城市实践做法的总结，凝练了促进基本公共教育服务均等化的有益经验。张佳伟和顾月华（2017）通过分析江苏省苏州市在推动新型城镇化过程中实现义务教育均衡发展的做法，提出了一些可以被其他城市复制的经验，例如构建义务教育动态调整监控机制，完善流动人口随迁子女接受义务教育的城镇化机制，以及以义务教育为抓手推动新型城镇化等。④ 相对而言，来自经济较为发达、基本公共教育服务发展较为均衡的东部城市的经验，对中西

---

① 薛二勇，李健，单成蔚，等. 实现基本公共教育服务均等化——《中国教育现代化2035》的战略与政策[J]. 中国电化教育，2019（10）：1-7.
② 龙翠红，易承志. 基本公共服务均等化、义务教育均衡发展与公共政策优化——我国义务教育政策变迁与路径分析[J]. 湘潭大学学报（哲学社会科学版），2017（6）：14-20.
③ 杨清荧. 基本公共服务均等化视域下城乡教育资源一体化研析[J]. 教学与管理，2017（6）：40-42.
④ 张佳伟，顾月华. 基本公共服务均等化视野下新型城镇化与义务教育均衡发展的区域研究——基于江苏省苏州市的实践分析[J]. 教育发展研究，2017（10）：45-50.

第三章 基本公共教育服务与农村居民幸福感：演进脉络

部地区具有较强的参考价值和启发意义。

二、农村居民幸福感的研究现状

幸福感是一个古老的话题，无论是西方还是中国，有关幸福感的阐述都具有悠久的历史。在许多思想家、哲学家、政治家的著作和观点中，都可以追溯到幸福感的踪影。古希腊哲学家苏格拉底将幸福感与智慧相联系，指出智慧是产生幸福感的源泉，强调了智慧在幸福感中的重要性。柏拉图则从理想化的角度指出"善"是幸福的本质，幸福是善的理念表现形式，人类只有摆脱现实世界，才能进入幸福的理念世界中，从而摆脱世间的纷杂烦恼。[①]

而在中国古代，幸福感往往和"悦""乐"等联系在一起，如"有朋自远方来，不亦说乎""妻子好合，如鼓瑟琴。兄弟既翕，和乐且湛""独乐乐不如众乐乐"等。由此可见，中国古代强调的"己悦"和"众乐"都表现出了对人生和生活的满意，在很大程度上是幸福感的外在表现。

到了近代以后，随着经济发展和生活水平的提高，幸福感逐渐成为人类社会衡量生活满意程度、个人需求满足程度、自身价值实现程度的重要指标，并且该话题也逐渐获得学界的关注。从幸福感研究的历史演变来看，最早可以追溯到20世纪60年代，学者Wilson在其博士论文中初步对幸福感进行了研究。随后，通过总结自己的研究成果和观点，其在1967年发表了《自称幸福的相关因素》一文，对幸福感的基本内涵、特点和本质、相关影响因素等进行了阐述，该文打开了幸福感研究的学术之窗。[②] Wilson作为现代幸福感研究的最早实践者，在某种程度上可以被视为现代幸福感研究的开山鼻祖，在其观点中幸福感更多表现为一种情感体验。其针对幸福感提出的一系列认知和理论，成为西方场域下各学科研究幸福感的理论基础。在其影响下，国外学者对幸福感的研究走上了一条光明道路，并不断取得突破。例如，生物学、遗传学等学科从生物遗传的角度，探索了基因与幸福感的关系。心理学家则关注人格、特质、性格等对幸福感的影响，极大拓展了研究的边界和空间。

整体来看，国外对于幸福感的研究大致可以划分为三个阶段。在第一阶段，国外学者主要探索幸福感的含义和测量维度，并重点关注对儿童、青少

[①] 严标宾,郑雪,邱林.主观幸福感研究综述[J].自然辩证法通讯,2004(2):96-100,109-112.

[②] Wilson W R. Correlates of avowed happiness[J]. Psychological Bulletin,1967(4):294-306.

年、老年人等群体幸福感的测量，以评估整个社会的幸福感平均水平。在第二阶段，国外研究者重点研究了幸福感的作用机制和模型建构，并提出了与幸福感有关的社会比较理论、目标理论、人格理论、动态平衡理论等重点理论。在这一阶段，幸福感的理论丛林得到繁荣发展，出现了许多具有创新性和指导性的理论。第三阶段，国外研究者开始基于前一阶段产生的理论进行方法整合，并开展大规模的跨文化研究，探究不同文化背景下社会群体幸福感水平及影响因素。[1] 许多学者在跨文化研究中，发现了文化差异对幸福感的显著影响。

我国对幸福感的关注和研究肇始于 20 世纪 80 年代。随着改革开放的推进，西方的研究内容和研究方法流传到国内，幸福感这个话题开始引起学者的注意。国内许多学者在研究思路和研究理论上都借鉴和延续了国外的研究模式，倾向于借助国外幸福感理论来研究相关问题。在起步阶段，具有心理学、社会学、政治学和经济学等学科背景的研究者最早对幸福感开展了探究，并逐步积累了经验和成果。这些学者依托幸福感相关的测量工具和理论，对我国城乡地区的居民、青少年、大学生、老人等社会群体进行了广泛的实证分析，目前已经积累了较为丰富的理论研究成果。基于研究文献的分析，我国关于幸福感的研究呈现出以下四个显著的特点：一是对幸福感的概念内涵、特征和内容结构有了清晰统一的认识，并进行了广泛的运用。二是基于幸福感的相关理论，对青少年、大学生、老人等群体幸福感进行了广泛的研究和测评，逐渐形成了具有中国特色的理论。三是基于文献述评和实证分析，对影响幸福感的因素以及幸福感的作用机制有了更加全面的认知，幸福感产生和提高的底层逻辑日益明确。四是在国外幸福感测量量表的基础上，结合中国的语境和研究对象的特征，修订和开发了一些适合中国场域的幸福感测量工具和量表。

从研究对象来看，目前农村居民并不是国内外研究幸福感重点关注的群体，学者聚焦的群体主要分布在青少年、大学生、社会弱势群体（儿童、妇女、老人）等。农村居民作为国家治理和社会发展必须重点关注的主体，却鲜有学者展开关注研究，其幸福感研究尚处于边缘地位。现阶段，仅有少部分学者关注到了这一群体的获得感和生活保障问题。梁土坤（2019）聚焦农村收入较低群体的经济获得感，并从经济条件、正向评价、积极托底、多维协调和持续提升等维度对其内涵进行了剖析。在此基础上，其通过实证分析发现，农村人群的总体获得感、纵横向获得感都处于一个较低的水平，并且和预期获得感

---

[1] 邢占军. 主观幸福感研究：对幸福的实证探索 [J]. 理论学刊，2002（5）：57-60.

第三章　基本公共教育服务与农村居民幸福感：演进脉络

之间存在难以逾越的鸿沟。① 针对农村收入较低居民经济获得感面临的个体分化和地区不均衡问题，其提出要紧抓乡村振兴机遇，大力发展农村经济；坚持因地制宜，关注不同地区农村居民的需求；加大发展赋能，促进人力资本开发。许海平等（2021）利用2017年CGSS调查数据，探究了互联网使用、疏离感对农村居民幸福感的影响，研究证实农村居民通过使用互联网进行社会交往，缩短了人与人之间的社交差距，显著降低了个人的疏离感，从而提高了农村居民的幸福感。② 因此，要注重农村居民的情感动态变化，并有效使用互联网来促进情感交流和信息互换。陈鑫和杨红燕（2021）同样探讨了互联网对农村居民主观幸福感的影响机理，其结果发现互联网显著提升了农村居民的主观幸福感，并且拥有更好互联网技能的农村居民幸福感更高。③ 基于研究发现，其强调了加快农村互联网普及和网络基础设施建设的必要性，并着力推动互联网与其他社会领域深度融合。

在乡村振兴战略全面实施的背景下，提高农村居民这一群体在研究中的地位，明晰影响其幸福感提升的因素和内在作用机制，有利于实现农村居民的发展。相比于其他群体，农村居民具有明显的资源禀赋劣势，能够获得的发展资源和机会十分有限。因此，该群体是国家各项政策重点锚定的主体，是全面建成小康社会和建设社会主义现代化强国必须赋能保障的群体。立足于乡村振兴的发展背景，探究基本公共教育服务和农村居民幸福感之间的内在关系、作用机理，有助于提高各类政策的精准性，使农村居民获得更多改革成果，充分调动其参与乡村建设、农业现代化发展的积极性。

三、基本公共服务和农村居民幸福感关系的研究

基本公共服务均等化发展和人民群众幸福感之间联系紧密，前者是后者实现的关键途径之一。在中国特色社会主义建设新时代，随着社会主要矛盾的转变，人民群众的获得感和幸福感成为党和国家关注的重要议题，而基本公共服务均等化是实现这一目标的重要举措。党的十九届六中全会通过的《中共中央关于党的百年奋斗重大成就和历史经验的决议》明确提出："必须

---

① 梁土坤. 农村居民经济获得感的内涵、特征及提升对策 [J]. 学习与实践，2019（5）：78-87.

② 许海平，黄雅雯，刘玲. 互联网使用、疏离感与农村居民幸福感——基于CGSS的微观经验证据 [J]. 海南大学学报（人文社会科学版），2021（6）：86-94.

③ 陈鑫，杨红燕. 互联网对农村居民主观幸福感的影响及作用机制分析 [J]. 农林经济管理学报，2021（2）：267-276.

以保障和改善民生为重点加强社会建设,在幼有所育、学有所教、劳有所得、病有所医、老有所养、住有所居、弱有所扶上持续用力,加强和创新社会治理,使人民获得感、幸福感、安全感更加充实、更有保障、更可持续。"① 基本公共教育服务作为基本公共服务的核心构成要素,其均等化水平在应然层面上会对人民群众的幸福感提升产生直接或间接作用。现阶段国内已经有很多学者对基本公共服务与幸福感之间的联系进行了研究,但是鲜有涉及农村人群。在乡村振兴战略宏观背景下,部分学者对基本公共服务与农村居民幸福感的影响进行了理论和实证研究。基于文献计量和文本分析,这些研究重点关注了"基本公共教育服务对农村居民幸福感的影响效应和作用机制""其他基本公共服务对农村居民幸福感的影响解析""农村居民幸福感提升的政策建议和路径思考"等问题,缺乏对基本公共教育服务均等化与农村居民幸福感内在联系的关注。

(一) 基本公共教育服务影响农村居民幸福感的效应和机制

在现有的文献中,直接研究基本公共服务、基本公共教育服务对农村居民幸福感影响的文献比较匮乏。大部分学者主要基于乡村振兴的背景,秉持基本公共服务的视角,研究了城乡教育差距、教育水平、受教育程度等因素对农民幸福感的影响。于伟和张鹏(2019)以城乡二元结构为出发点,借助有序Probit 和 OLS 模型,论证了城乡教育发展差距对农民幸福感的影响。其实证分析结果发现,城乡教育差距对农民幸福感具有明显的剥夺效应,这种效应主要通过影响农民的收入差距和社会阶层认知来实现。② 同时,这种剥夺和抑制效应呈现出区域异质性特点,为我国缩小区域之间教育发展水平差异提供了证据支撑。该研究充分说明了推进基本公共教育服务均等化,实现城乡基础教育均衡发展的必要性。黄庆华等(2017)具体分析了教育对农民幸福感产生影响的效应和相关机制。他们使用 CGSS 2013 数据进行实证分析,发现受教育程度能够提升其幸福感,这种功能主要通过作用于收入增加、购买住房和改善身体健康状况来实现。该研究还提出,加大教育资源投入,优化基本公共教育服

---

① 中华人民共和国中央人民政府. 中共中央关于党的百年奋斗重大成就和历史经验的决议[EB/OL].(2021−11−16)[2021−10−12]. http://www.gov.cn/zhengce/2021−11/16/content_5651269.htm.

② 于伟,张鹏. 城乡教育差距与农村居民的幸福感知[J]. 教育与经济,2019(4):60−67.

务、减轻农户的教育负担是提高其幸福感的有效渠道。[①]

此外，也有很多学者考察了影响农村居民幸福感的综合因素，间接论证了基本公共服务对幸福感的作用。蔡伟（2019）依托多元线性回归模型，重点研究了个体特征、经济实力、精神慰藉和社会支持对农村居民的影响。其研究结果显示，个体特征（宗教信仰、身体健康程度、文化程度、婚姻状况）、经济实力（年收入、房产数、是否拥有汽车）、精神慰藉（心情沮丧频率、人际交往、休闲娱乐、学习需求）和社会支持（基本公共教育、医疗卫生、住房保障、社会管理）都会对农民的幸福感产生显著影响。[②] 其中对基本公共教育、医疗卫生满意度越高的农民，其幸福感越高，进一步论证了基本公共教育服务和农民幸福感之间的内在关联性。蒲实和袁威（2019）从乡村振兴的视域切入，利用中国家庭追踪调查数据对影响农民幸福感的因素进行了实证研究，并通过划分经济收入增长和收入增长停滞两个群体实施对比分析。其研究结果发现，"对社会问题的关照"是影响农民幸福感的首要因素，经济增长的因素表现为就业相关的社会情境、个人的生理健康；经济收入更低的农户的幸福感则受社会地位、子女教育期待和政府投入依赖等因素影响更加明显。[③] 由此可以看出，与子女发展相关的教育服务会显著影响农村居民的幸福感水平。

（二）其他基本公共服务对农村居民幸福感的影响分析

除了探究基本公共教育服务、家庭教育支出等对农村居民幸福感的影响程度和内在机理以外，许多学者还研究了公共服务满意度、民生保障、公共服务供给和政策与该群体幸福感的内在关系。张应良和徐亚东（2020）通过使用CFPS数据进行实证分析研究了农村医疗卫生、公共教育设施、交通设施、社会保障、生态环境等七个维度的基本公共服务对农民幸福感的影响情况。根据分析结果，公共服务供给只有和农民需求精准契合时，才能起到增加幸福感的作用。以马斯洛需求层次理论为基础，他们发现农村医疗卫生和公共教育设施、生活条件改善，社会保障水平提升，文化和交通设施优化才能真正发挥提

[①] 黄庆华，张明，姜松，等. 教育影响农村居民幸福感的效应及机制 [J]. 农业技术经济，2017（1）：67—75.

[②] 蔡伟. 农村居民幸福感及其影响因素研究 [D]. 昆明：云南财经大学，2019.

[③] 蒲实，袁威. 乡村振兴视阈下农村居民民生保障、收入增长与幸福感：水平测度及其优化 [J]. 农村经济，2019（11）：60—68.

高预期幸福感的效能。① 由此推导出，有效的公共服务供给是提升幸福感的关键，无效的服务供给会造成资源浪费，而无法实现增强幸福感的效果。许海平和傅国华（2018）借助 2013 年中国综合社会调查数据资料，重点观察了公共服务与农民幸福感的关系。其实证分析结果显示，社会保障服务会对农民幸福感提高产生积极影响，并且这种效应在老年农民、东部农村居民中表现得更加显著。② 社会保障服务作为基本公共服务的构成部分，对农民幸福感的显著影响在各学者的研究中得到普遍印证，表明我国完善多层次社会保障体系的合理性和重要性。卢盛峰和陈思霞（2014）以离散模型作为分析工具，通过使用长达 20 年的"中国健康与人口调查"数据对公共服务政策、户籍身份和农村居民幸福感的内在逻辑进行了论证。其创新性结果发现，在城市居住的农村居民由于能够享受到更加优质的公共服务政策，因而幸福感更高。不可忽视的是户籍身份也会产生负效应，户籍歧视也会阻碍城市外来人口的主观幸福感和归属感。③

（三）农村居民幸福感提升的政策建议和路径思考

关于基本公共教育服务对农村居民幸福感影响的实证分析，为我国优化基本公共服务政策，推进基本公共教育服务均等化提供了充足的论证并指明了优化方向。于伟和张鹏（2019）立足发展农村公共教育事业能有效提升农民幸福感，而城乡教育差距则会产生抑制效应这一重要结论，提出要明确农村教育事业的目标和站位，增加资源投入，着力提升农村义务教育的质量；统筹城乡教育发展，在课程设置、师资配备、环境优化等方面同步发展，依托信息技术赋能缩小差距；完善农村教育生态系统，推动农村教育内涵式和特色化发展。④ 柳凌霄（2020）借助 Probit 模型和中介模型探讨了教育对农村居民主观幸福感的影响，其发现教育在较大程度上能够提高农村居民幸福感，在这一作用过程中收入水平提高、健康状况改善扮演着中介变量的角色。针对发现的关系和作用机理，其提出了增强农村居民幸福感的政策建议：强化农村公共教育投入保障，实现城乡基础教育一体化发展；加大农村职业教育和终身教育服务的供

---

① 张应良，徐亚东. 农村公共服务供给与居民主观幸福感 [J]. 农林经济管理学报，2020（1）：98-108.
② 许海平，傅国华. 公共服务与中国农村居民幸福感 [J]. 首都经济贸易大学学报，2018（1）：3-12.
③ 卢盛峰，陈思霞. 户籍身份、公共服务政策与居民幸福感 [J]. 中南财经政法大学学报，2014（5）：39-45.
④ 于伟，张鹏. 城乡教育差距与农村居民的幸福感知 [J]. 教育与经济，2019（4）：60-67.

第三章　基本公共教育服务与农村居民幸福感：演进脉络

给，不断提升农村人口的技能和素质；统筹教育和健康发展，促进教育服务和健康宣传的有机融合。① 李善华（2017）通过使用CGSS 2013年数据进行实证分析，发现受教育程度与农村居民幸福感存在正相关。这种联系的存在和维持，主要是依托收入水平提高、住房需求满足和获得改善身体健康的条件三条路径实现。基于研究结论，其认为有效改善农村居民幸福感，需要突出农村居民接受教育的价值，不断完善和创新农村教育模式，促使农村居民尽可能和城市居民享有一致的教育机会和发展资源。② 除了从教育发展层面提出增强农村居民幸福感的政策建议以外，一些学者还从其他角度提出了系统的路径选择。例如，强化政府主体责任，提高公共服务质量和供给效率，不断创新公共服务政策，突出政策对居民需求的回应性。③④

综上所述，国内学者在基本公共教育服务均等化、农村居民幸福感以及二者关系研究方面已经形成了较为丰富的学术成果，理论发展不断进阶突破。现阶段对于基本公共教育均等化的内涵、价值取向以及实现路径，基本上形成了统一的观点。在幸福感研究方面，随着我国乡村振兴战略的实施，许多学者的研究路向发生了转变，逐渐聚焦到农村居民这一群体。这种现象表明学者们具有高度的政治导向性和问题敏感性，坚持了理论研究和现实关怀的统一。对于农村居民幸福感的研究，主要关注其核心要义、判断标准、影响因素和评估测量。同时，重点围绕基本公共教育服务对其内在逻辑和作用机制、基本公共服务和社会保障对其影响程度等主题进行实证分析，并基于基本公共服务视角探讨了提升农村居民幸福感政策建议。此外，现有研究对农村居民幸福感关注度相对不高，其与基本公共教育服务均等化之间的关系尚不明晰，并且理论建构明显不足。因此，随着乡村振兴战略的深入实施，提升农村居民幸福感更加具有现实意义，需要立足深入的实地调研和实证分析，进一步探索出一条具有中国特色的农村居民幸福感提升的道路。

---

① 柳凌霄. 教育对农村居民主观幸福感的影响及作用机制研究 [D]. 中南财经政法大学, 2020.
② 李善华. 教育程度与中国农村居民幸福感的实证分析 [D]. 广州：华南农业大学, 2017.
③ 党秀云, 彭晓祎. 我国基本公共服务供给中的中央与地方事权关系探析 [J]. 行政论坛, 2018 (2)：50－55.
④ 陈礼开, 郑祥江, 皇甫红姣. 农村基本公共服务与农村居民幸福感的关系研究——基于2015年中国综合社会调查数据 [J]. 广东农业科学, 2020 (5)：146－152.

第三节　本章小结

本章聚焦基本公共教育服务发展和农村居民幸福感两个核心内容，以我国教育事业发展为主线，着重回顾了新中国成立以来我国基本公共教育服务的历史演进过程，试图呈现每个阶段基本公共教育服务的时代特征。在政策梳理的基础上，本书通过系统全面的文献梳理和研究，明晰了国内外在探究基本公共教育服务均等化和农村居民幸福感上的现实状况、研究焦点和方向，为开展实证研究奠定了理论基础。

综合考虑新中国成立以来我国各阶段的政治建设、经济水平、体制机制改革和战略布局，结合教育事业发展的重要事件和关键节点，本书将我国基本公共教育服务发展具体划分为初步发展阶段（1949—1978年）、快速发展阶段（1978—2002年）、夯基提质阶段（2002—2012年）、深化改革阶段（2012—2017年）以及高质量发展阶段（2017—至今）五个阶段，并对每个阶段基本公共教育服务发展的重点目标、均等化水平和整体特点等进行了归纳总结。通过历史纵向比较和政策梳理，我国基本公共教育服务均等化的起源、演进脉络、未来发展方向更加清晰，能够为开启社会主义现代化强国建设新征程提供历史经验借鉴和智慧支持。

具体而言，初步发展阶段，我国教育事业处于起步阶段，基础教育和中高等教育发展滞后，国民人均受教育水平与西方发达国家存在巨大差距。在此基础上，我国将"教育现代化"纳入"四个现代化"的核心范畴，着力完善教育制度和政策，规范发展初高中教育、补齐基础教育短板成为教育改革的首要任务。快速发展阶段，在解放思想、解放生产力等思潮的推动下，科技创新和教育现代化成为社会经济发展的"一体两翼"，我国教育事业迎来弯道超车和快速发展的窗口期，基本公共教育服务投入大幅增长，出现了普及义务教育的良好条件，扫除青壮年文盲取得历史性成就。夯基提质阶段，在科教兴国、人才强国等重大战略驱动下，教育事业发展不断进阶升级。针对社会普遍存在城乡教育发展水平差距和农村基础教育薄弱的现实状况，我国全面普及九年义务教育，加大农村地区、偏远山区教育资源投入，城乡教育均衡发展逐步成为时代主题。

党的十八大以来，在以习近平同志为核心的党中央领导下，我国基础教育水平进一步质变，城乡教育均衡发展趋势明显，基本公共教育服务均等化呈现

第三章　基本公共教育服务与农村居民幸福感：演进脉络

出蓬勃发展态势。深化改革阶段，我国持续推进教育供给侧结构性改革，不断巩固提高九年义务教育缩小城乡教育发展差距。提高基本公共教育服务均等化水平，实现教育公平，提高人民群众的获得感、幸福感成为根本要求。随着中国特色社会主义建设进入新时代，在社会主要矛盾发生转变的宏观背景下，促进教育事业高质量发展，办好让人民满意的教育，满足人民对美好生活需要成为时代主旋律。在需求侧的推动下，我国基本公共教育服务的外延逐步扩大，重点解决区域、城乡、校与校之间的教育资源分布不均衡问题，构建适应新时代经济社会发展的基本公共教育服务体系，是我国实现社会主义现代化的重要标志。

从研究现状来看，目前国内外在基本公共服务和幸福感等研究领域积累了丰富的理论成果，关注到了公共服务对幸福感产生的影响，基本公共服务和幸福感的内涵价值、内在关系以及实现路径更加明确。然而，国外学者很少关注基本公共服务均等化问题，对于城乡发展差距背景下基本公共服务均衡配置缺乏理论性思考。国内学者主要关注老人、妇女、青年大学生等群体的幸福感，对于农村居民及社会弱势人群的研究相对不足。尽管有学者发现了基本公共教育服务、社会福利保障等对社会群体幸福感的影响，但实证研究较为缺乏，二者之间的内在影响机制并不明晰。由此可见，将基本公共教育服务均等化作为研究视域，以农村居民作为研究对象，探究基本公共教育服务均等化水平对农村居民幸福感的影响，具有较强的创新性和理论研究价值。

现阶段，我国正处于"两个一百年"目标的历史交替期，全面建成小康社会以后，奋力实现社会主义现代化、建成富强民主文明和谐美丽的社会主义现代化强国将是今后一段时期的方向。结合当前时期我国的现实发展需求，乡村振兴、教育强国等一系列战略布局实施，农村将成为我国政策倾斜区、资源投入区和快速发展地，"三农"相关的问题具有巨大的研究价值。同时，在将研究视野转到农村时，除了应关注农村经济发展、产业振兴、人才建设、生态优化、文化挖掘等方面，发展农村基本公共服务，尤其是基本公共教育服务，也是需重点聚焦的问题。相比于其他公共服务，基本公共教育服务能够赋予社会弱势群体及其后代更多改变命运的机会，弥补先天资源禀赋不足带来的劣势，使其感受到社会公平和正义，从而提高幸福感。

基于上述考虑，本书瞄准乡村振兴战略实施这一背景，结合前人的研究成果将基本公共教育服务均等化和农村居民幸福感有机联系在一起，试图探究教育资源的均衡配置水平对农村居民幸福感的影响程度，为公共教育服务规划制定、政策设计、教育改革等提供决策依据。同时，我们也发现基本公共教育服务在贫困治理方面的作用，基础教育的发展是巩固我国脱贫攻坚成果、减少返贫的有效举措，对于现阶段促进精准脱贫和乡村振兴有效衔接具有重大意义。

第四章　研究框架设计

基本公共服务是目前国内公共管理学和社会学领域的研究前沿，国内外学者始终将推进基本公共服务均等化视为推进乡村振兴的重要理论基础和实践要义。[①] 研究表明，贫困治理与农村基本公共服务的均等化存在着耦合协调效应。[②] 在物质供给层面，基本公共服务均等化的价值要求和属性符合乡村振兴战略背景下关注欠发达地区的基本遵循。通过农村基本公共服务均等化推进产业扶贫政策的实施，能够有效提升农村居民的获得感。不同类型的基本公共服务对于乡村振兴的积极影响得到了全部或部分验证：基本公共体育服务[③]、基本公共文化服务[④]以及基本公共卫生服务[⑤]在乡村振兴进程中的具体定位和功能效用得到了进一步的验证。

教育公平问题始终是党和国家密切关注的核心议题。农村基本公共教育服务均等化立足于特定的场域，聚焦特定议题，关注特定人群，在农业农村发展中始终扮演着重要的角色。国务院《"十三五"推进基本公共服务均等化规划》中明确指出："城乡区域间基本公共服务大体均衡，贫困地区基本公共服务主要领域指标接近全国平均水平，广大群众享有基本公共服务的可及性显著提

[①] 郝晓薇，黄念兵，庄颖. 乡村振兴视角下公共服务对农村多维贫困减贫效应研究［J］. 中国软科学，2019（1）：72—81.

[②] 易柳，张少玲. 农村基本公共服务均等化：深度贫困治理的机遇与挑战［J］. 湖北民族学院学报（哲学社会科学版），2019（4）：63—71.

[③] 耿迪，何颖，刘勇，等. 体育扶贫助力乡村振兴：理路、困境与治理［J］. 新疆大学学报（哲学·人文社会科学版），2020（5）：25—31.

[④] 郭红宇. 基于乡村振兴战略的黑龙江省农村基本公共文化服务发展研究［J］. 商业经济，2020（5）：13—14，27.

[⑤] 胡茂新. 乡村振兴背景下加强基层公共卫生服务的路径思考——以江苏省盱眙县为例［J］. 人口与健康，2021（1）：44—47.

高"①。在基本公共教育服务领域，免费义务教育、农村义务教育学生营养改善、寄宿生生活补助、普惠性学前教育资助、中等职业教育国家助学金、中等职业教育免除学杂费、普通高中国家助学金和免除普通高中建档立卡家庭困难学生学杂费成为国家完善基本公共教育制度息息相关的重要命题。这8项基本公共教育服务重点工作内容始终与农村农民密切相关。换言之，提升农村基本公共教育服务均等化水平，就必须要关注到重点群体，通过补齐短板实现城乡基本公共教育服务均等化。

值得注意的是，"三农"问题是一个具体而又复合的多元模块，农业、农村与农民问题的讨论始终是复杂而又难以轻易割裂的。既有在"三农"领域中的基本公共服务研究主要集中于农业发展和农村建设当中，对于农民的获得感、满足感和幸福感的研究相对较为缺少。有鉴于此，立足于农民的幸福感感知，探讨基本公共教育服务与农村居民幸福感之间的关联机理，能够帮助我们更好地从精神层面了解农村居民的幸福感层次，更加深入地探索和了解基本公共服务特别是基本公共教育服务对于农村居民的影响。

第一节 研究目标

本书的研究直接目标在于分析基本公共教育服务对农村居民幸福感影响的作用机制和机理，探讨基本公共教育服务均等化与农村居民幸福感之间的关联。进一步通过发掘和探讨基本公共教育服务与农村居民幸福感之间的相互作用关系以及逻辑理路，为推进乡村振兴事业提供支持。具体而言，本书的研究目标主要分为以下三个层次。

一、丰富和拓展基本公共教育服务的研究内容

既往基本公共教育服务研究将视角主要集中在教育本身，主要以教育学的单一视角为主。一方面，这种研究聚焦了研究视角，将主要研究内容集中到具体的基本公共教育事务当中来；另一方面，研究的精准度过高在一定程度上忽视了基本公共教育服务的溢出效应及对个体的影响。因此，通过透视农村基本

---

① 中华人民共和国中央人民政府. 国务院关于印发"十三五"推进基本公共服务均等化规划的通知[EB/OL]. (2017-01-23)[2021-10-12]. http://www.gov.cn/zhengce/content/2017-03/01/content_5172013.htm.

公共教育服务与农村居民幸福感相互作用的机制机理,能够帮助我们更好地理解基本公共教育服务特别是农村基本公共教育服务的价值定位和功能效用。

二、把握我国贫困人口由绝对贫困转向相对贫困的价值转换

我国完成了全面脱贫攻坚的伟大事业的重要胜利,绝对贫困的消失也意味着在未来一段时间内要更加关注农村的相对贫困。农村人口作为相对贫困的重要来源或组成部分,对这一部分人群的重点关注将是未来研究的主要方向。因此,本研究立足于农村居民这一关键主体范畴,旨在强化学术研究对这一特殊群体的关注,对农村居民的内涵进行解构并最终建立相应的研究体系。在共同富裕背景下,实现乡村振兴伟大事业,需要把握我国贫困人口特征由绝对贫困转向相对贫困的逻辑转换,精准定位关键主体,实现农村居民幸福感的有效提升。

三、探寻基本公共教育服务与重点人群的理论关联

基本公共服务的服务对象是全体公民,基本公共教育服务亦不例外。因此,基本公共教育服务不仅关联着农村居民的教育获得感,还关系着这一部分群体的幸福感感知。将基本公共教育服务与重点人群即农村居民相关联,一方面能够帮助我们更好地认识基本公共教育服务的功能,另一方面还能从更深的层次解决农村家庭的多维贫困。

综上所述,本书立足于农村居民这一研究重点,以农村基本公共教育服务均等化为背景,试图探寻基本公共教育服务与农村居民幸福感之间的逻辑关联。研究一方面在既有理论上实现突破,打破"基本公共教育服务"过于关注教育服务本身以及"幸福感"研究集中将视角聚焦于个体之间的研究限制,透视和把握二者之间的逻辑关联;另一方面,通过案例研究和实证研究的多维解释,将研究成果应用于农村居民幸福感提升的实践路径当中来,旨在实现理论与实践的统一结合及逻辑转换。

第二节 研究要点

本书主要以基本公共教育服务均等化视角下的农村居民为主要研究对象,以系统整合幸福感理论框架及其影响因素和提升路径为具体研究内容。通过多元化的方法手段,深入挖掘提升基本公共教育服务均等化程度进而提升农村居

民幸福感的实施路径和作用机制，系统展现当前农村居民幸福感的现实状况、变化诱因、改善路径和优化对策等内容。在乡村振兴和共同富裕的宏观背景下，系统建构符合精准扶贫精神、乡村振兴战略和全面建成小康社会总体要求的基本公共教育服务均等化治理策略体系，对于提升农村居民幸福感具有重要意义。

一、基本公共教育服务与农村居民幸福感作用机理

对于农村居民幸福感的研究目前将视角集中在社会经济、人口学特征、心理因素与幸福感之间的关联。一方面，就基本公共教育服务对农村居民幸福感的影响效应研究较少，部分成果仅限于讨论公共服务与农村居民幸福感之间的相关关系。另一方面，作为基本研究对象的农村居民，相较于其他群体有较大特殊性和差异性。因此，需要在研究伊始专门对基本公共教育服务影响农村居民幸福感这一过程进行系统性理论建构。通过梳理现有国内外研究成果和政策文献，探讨基本公共教育服务均等化与农村居民幸福感传导机制。综合研判多维元素影响农村居民幸福感的互动模型，分析建构基本公共教育服务均等化提升农村居民幸福感路径预设等部分作用机理。遵循"历史逻辑—现实背景—理论框架"的研究路径剖析基本公共教育服务均等化与农村居民幸福感之间的传导过程演进、互动模式变迁、价值追求发展和运行逻辑进路等重要问题。从"元机制"层面注解基本公共教育服务均等化对提升农村居民幸福感的必要性和必然性，构建中国特色农村居民幸福感的基本公共教育服务提升体系。

二、分析掌握农村居民幸福感提升关键要素

农村居民作为实现乡村振兴伟大事业的核心群体，其幸福感的提升需要多种因素综合着力。因此，本书拟基于前期文献梳理和理论研究，对农村居民幸福感进行综合调查，以明确基本公共教育服务的不同细分要素对农村居民幸福感提升的影响作用。在此基础上，分析基本公共教育服务均等化在提升农村居民幸福感过程中的供给作用及其绩效表现。本书依据重要性程度和紧迫性要求，以未来视角审视农村居民对基本公共教育服务均等化提升幸福感的主观需求。通过分类探讨基本公共教育服务对农村居民主观幸福感的具体影响，确定基本公共教育服务均等化作为自变量对幸福感这一因变量的影响程度。构建影响农村居民幸福感的公共服务要素识别机制，实现基本公共教育服务均等化内容扩充，充分发挥其在乡村振兴战略中的功能效用，以及在提升农村居民获得感和幸福感过程中的重要作用。

三、归纳总结农村居民幸福感提升实施路径

本书的研究落脚点在于通过探讨主要研究主体之间的多维互动关系，凝练一条经由基本公共教育服务均等化提升农村居民幸福感的现实路径。在系统调研的基础上，精准定位农村居民主观幸福感认知路向和影响因素。按照政策环境和主客体分析、政策方案规划、政策方案评估和政策方案选定四个方面研究基本公共教育服务均等化政策优化路径。本书重点聚焦城乡、人群、区域间基本公共教育服务均等化的系统性政策体系。面向"如何满足农村居民的主观期望"这一问题优化基本公共教育服务均等化对目标群体幸福感提升的意愿匹配。面向"如何提升农村居民的客观收获"这一问题优化基本公共教育服务均等化对目标群体的实际效用。以现代政策研究方法和流程进行政策体系设计，同时为政策执行中可能遇到的人员组织问题、宣传普及问题和监督反馈问题等设计预案，排除潜在障碍。本书将深入农村实地调研，深刻把握农村居民对基本公共教育服务的主观期望，据此设计系统完善的机制体系，为农村居民幸福感提升提供支撑和助力。

第三节 研究重点与难点

一、研究重点

（一）详细梳理学术史现状，把握农村居民这一核心对象

国内虽然对不同人群的幸福感研究较为充分，但是针对农村居民幸福感提升的研究较为匮乏。因此，对农村居民的幸福感影响因素的研究既能填补当前的研究空白，又能丰富国内幸福感研究的主要内容。从农村居民的群体特点、生活环境和生计来源等出发，运用社会学、政治学、心理学和经济学等交叉学科的理论知识归纳共性和内在规律，对农村居民的幸福感进行精准、契合实际的界定将是本书研究需要突破的重点。

（二）扎实推进调查研究过程，精准识别农村居民幸福感提升的关键要素

通过分类探讨基本公共教育服务对农村居民主观幸福感的具体影响，确定基本公共教育服务要素作为自变量对幸福感这一因变量的影响程度，从而构建影响农村居民幸福感的基本公共教育服务要素识别机制，实现基本公共教育服务均等化的提质增效。

（三）把握主体动态关联，探究农村居民幸福感提升的基本公共教育服务路径

当前国内外学者对农村居民的幸福感研究主要仍集中于需求侧，即对农村居民的幸福感需求进行研究，在研判农村居民的需求后进行机制构建。本书研究以基本公共教育服务均等化为抓手，为幸福感研究提供了新的研究视角，经过综合研判农村居民幸福感提升的关键要素，精准设计农村基本公共教育服务均等化政策体系，能够为农村居民幸福感提升提供助力。

二、研究难点

本书以农村居民作为研究的主要对象，对其幸福感提升进行基本公共教育服务均等化视角的切入，既存在着研究创新点，同时也在研究推进和破题立论过程中存在着一系列值得突破的研究难点。

（一）剖析农村居民幸福感的核心要义

在乡村振兴战略全面实施的宏观背景下，促进农村基本公共服务均等化，提升农村居民幸福感变得愈发重要。幸福感作为个体的一种主观认知和评价，存在较大的个体差异性，需要有机协调群体普遍性和个体差异性。从群体特征比较来看，农村居民与其他群体具有明显的差异，其关注的政策内容和需求层次也不尽相同。因此，不能将其他群体幸福感的概念内涵、外在特征和评价标准完全套用在农村居民这一特殊群体上。科学探究基本公共教育服务均等化对农村居民幸福感的影响，明晰内在作用逻辑和路径，需要充分结合农村居民的生活环境、群体特征和发展需要，深入解析其幸福感的本质特征和结构要素，从而为幸福感调查和评估奠定基础。

（二）锚定幸福感的测量方法和手段

针对幸福感的界定、测量和应用，西方学者开发和设计了多种西式幸福感的测量工具。幸福感测量指标体系并非单一的，多维度的幸福感测量体系既丰富了其自身的研究内容，但同时也为精准测量幸福感水平带来了一定难度。[①] 因此，针对农村居民的幸福感指标测量体系建构应当立足于当前农村居民的幸福感实测场景，加强理论建构，最终推动幸福感测量的维度整合以及权重设置优化。

（三）创新研究方法，探究具体的因果关系机理

如何在概率世界中寻找因果关系，是政策学家们孜孜以求的研究目标。本研究旨在发现和探索出一条基本公共教育服务均等化与农村居民幸福感提升的理论路径。在尚未完全验证既有研究的情况下，可供选择的研究方法便显得少之又少。探索影响关系和因果关系链条，回归分析和因果判断是最为常见的研究方法。前者所探索的是一种关联式的影响关系，然而所有影响因素并不能完全穷尽，在某些状态下回归分析所得出的结果得到的是一种"伪相关"。后者往往关注的为某一具体公共政策的影响因果，如果我们将研究视角聚焦于农村居民这一微观群体，双重差分法和合成控制法等一系列因果推断方法便并不适用。探索微观领域下的相关性作用机制，需要进一步挖掘合适的研究方法去回应研究问题。

第四节　研究理论支撑

作为多元学科交叉的复合研究领域，搭建理论框架需要立足多维度的理论基础。基于前述章节对研究的破题立论，总体而言本书的理论基础包括了幸福感理论、人力资本理论和公平正义理论。

一、幸福感理论

作为人对于外界感知的主观评价，幸福感问题始终是国内外学界关注的重

[①] 刘蕾，孙五俊，姜媛，等. 幸福感测量指标体系的评价与展望［J］. 中国特殊教育，2019（2）：66—73.

点议题。通过国内外学者的持续性研究，形成了以主观幸福感为主要研究内容的幸福感理论。从时序脉络上来看，国外对于幸福感的研究早于国内，目前幸福感理论的探索研究主要见于国内外知识融合生产的过程中。幸福感一词来源于英文，在英文语境中"well-being""subjective well-being""happiness"都可以表示幸福感，一般可以翻译为"幸福""健康""福利"等。① 幸福感是心理学上的概念，心理学上认为个人的心理过程由认知过程和情感过程组成，认知过程通常是人们获取知识和使用知识的过程，这一过程由感觉、知觉、记忆、思维和想象等行为构成；情感过程则是人们在与周围世界互动过程中主体对客体是否满足自身需求的感受和体验。

因此，幸福感是对现实生活的主观反映，它既离不开人们生活的客观条件和外在环境，也是人们需求和价值的体现。② 严标宾和郑雪等学者（2004）基于心理学的角度，将幸福感定义为"人类自身意识到自己需要获得满足或理想得到实现的一种心理状态"③。张鹂和杨申森等学者（2020）在对某医院血液科护士的幸福感和孤独感进行研究时，将幸福感解释为是个体根据自定标准对其生活质量的整体评价，由关于生活满意度的认知评价和情感体验构成。④ 此外，魏钦恭（2019）从福利的视角将幸福感定义为个体对其获得的社会福祉状态的心理感受和主观表达。⑤ 边燕杰和肖阳（2014）对边燕杰和肖阳（2014）的文献内容进行了核对，无误。但为了避免歧义，将"比较了中英居民的幸福感水平，认为年龄和健康对居民的幸福感有着显著影响"改为"对幸福感水平和影响因素进行了比较，认为年龄和健康对居民的幸福感有着显著影响"⑥。总的来说，幸福感是人们对生活质量的自我评价，作为一个多学科交叉的研究领域，其特点是积极性、综合性和主观性。

幸福感作为一个长久而又古老的话题，是指根据自定的生活标准对生活质量的整体性评估。⑦ 其自身的主观性、稳定性和整体性的概念特点，组成了国

---

① 李幼穗，吉楠. 主观幸福感研究的新进展［J］. 天津师范大学学报（社会科学版），2006（2）：70-74.
② 邢占军. 主观幸福感测量研究综述［J］. 心理科学，2002（3）：336-338，342.
③ 严标宾，郑雪. 大学生社会支持、自尊和主观幸福感的关系研究［J］. 心理发展与教育，2006（3）：60-64.
④ 张鹂，杨申森，刘树佳，等. "阳光心态塑造"辅导对血液科护士孤独感及幸福感的影响［J］. 中国护理管理，2020（2）：237-240.
⑤ 魏钦恭. 多元视角下"幸福-收入"的异质关系［J］. 青年研究，2019（6）：12-23，91.
⑥ 边燕杰，肖阳. 中英居民主观幸福感比较研究［J］. 社会学研究，2014（2）：22-42，242.
⑦ 吴明霞. 30年来西方关于主观幸福感的理论发展［J］. 心理学动态，2000（4）：23-28.

内外学者对于幸福感测量和评估的基本认知。幸福感的生成受到了遗传理论、人格特质及人格-环境交互作用理论、社会心理学理论、目标理论和适应应对理论等多元理论的复合作用影响。国内外学者对影响幸福感变化的外部因素进行了思考与探讨，诸如个人气质特点、认知方式、目标、文化背景等因素都可能会对居民的幸福感产生综合性影响。20世纪90年代兴起的以完善论幸福观为基础的幸福感研究，力图超越快乐主义幸福观，更多强调自身潜能实现而获得的价值感。①

从已有研究经验来看，对于幸福感研究最多的是主观幸福感，这种主观幸福感是生活质量意义上的主观幸福感以及心理意义上的主观幸福感的综合体。对于主观幸福感的概念界定，国内学者普遍采用了1967年Wanner Wilson对主观幸福感做出的解释。国内对幸福感进行最早研究的北京大学段建华教授（1996）将主观幸福感理解为评价者个人对其生活的综合评估。②张灵和郑雪等学者（2007）在探讨人际关系困扰与主观幸福感的关系时，将主观幸福感界定为是个体依据自定的标准对其生活质量所做的整体性评价，是反映个体生活质量的心理学重要指标，并且主观幸福感由个人认知和情感体验两部分构成。③谢云天和曾素林（2019）在对流动儿童主观幸福感进行Meta分析时，将幸福感视为个体对其生活质量的综合评价指标。④宋佳萌和范会勇（2013）对社会支持与主观幸福感进行元分析时，将主观幸福感定义为"是个人依据其自身所认同的标准对生活质量进行的综合评价和整体感受"，具有整体性、主观性和稳定性的属性。⑤李幼穗和吉楠（2006）对主观幸福感研究进行回溯时，将主观幸福感也解释为评价者从自身标准出发，对其生活质量进行的总体评价，呈现出整体性、主观性和相对稳定性的特点。⑥

由此可见，国内在对主观幸福感进行系统研究时，对于主观幸福感的概念解释和内涵阐述，基本上都是沿用了Wanner Wilson对主观幸福感所下的定

---

① 邢占军. 我国居民收入与幸福感关系的研究[J]. 社会学研究, 2011 (1): 196-219, 245-246.

② 段建华. 主观幸福感概述[J]. 心理科学进展, 1996 (1): 46-51.

③ 张灵, 郑雪, 严标宾, 等. 大学生人际关系困扰与主观幸福感的关系研究[J]. 心理发展与教育, 2007 (2): 116-121.

④ 谢云天, 曾素林. 2006~2017年流动儿童主观幸福感Meta分析[J]. 中国卫生事业管理, 2019 (1): 69-71.

⑤ 宋佳萌, 范会勇. 社会支持与主观幸福感关系的元分析[J]. 心理科学进展, 2013 (8): 1357-1370.

⑥ 李幼穗, 吉楠. 主观幸福感研究的新进展[J]. 天津师范大学学报（社会科学版）, 2006 (2): 70-74.

义，即主观幸福感是评价者基于自身标准对其生活质量进行的综合评价，是衡量个人生活满意度的综合性心理指标。主观幸福感包含了生活质量意义和心理健康意义两个层面，因而主观幸福感可以划分为生活满意度、正向情绪、消极情绪三个维度。主观幸福感是个人对自身是否幸福的主观评价，具有主观性、整体性和相对稳定性的特点。

从主观幸福感的内容结构来看，主观幸福感可以分解为认知成分和情感成分，主观幸福感的强度需要从生活满意度、积极情感、消极情感三个维度来进行评价和测评。因此，要提升特定群体的幸福感，需要充分满足其自身需求，同时采取干预措施增加积极情感，抑制消极情感。

二、人力资本理论

人力资本理论是在20世纪60年代初开始形成的，以舒尔茨和贝克尔为代表的芝加哥经济学派是人力资本理论的学术重镇。舒尔茨等人创造性地将人力资本和物质资本区分开来，认为西方传统的经济学中，资本实际上仅指生产活动中的厂房、机器设备、原材料和燃料等各种物质生产要素的数量和质量。这种资本概念是不完整的，于是二人创造性地引入了人力资本概念。[①] 人力资本主要是指从事生产活动的人的数量和质量，是体现在人身上的一种资本，它可以被用来提供未来的收入。人力资本既不能被买卖，也不能被当作财产，但它和物质资本一样，能够对经济起生产性作用，促使国民收入增长。贝克尔指出：劳动者的知识、技能、体力（健康状况）等构成了人力资本。换言之，体现于劳动者身上的以其数量和质量形式表示的资本就是人力资本。[②]

人力资本是通过人力投资形成的资本。对于人力的投资是多方面的，其中主要的是教育支出、保健支出和劳动力国内流动的支出或用于移民入境的支出。值得注意的是人的保健支出，即对未来健康状况估计下的健康投入，这和人力资本投资构成了该公共服务的供求双方，人力资本投资的质量不仅直接影响了劳动者的劳动素质，也间接地反映了一个国家的人力资本存量。人力资本在解释人均增长率方面没有显著的影响，而全要素生产率的增长则取决于人力资本存量的水平。人力资本理论作为本书的基础理论，旨在通过农村基本公共教育服务的供给推动人力资本的积累，探寻人力资本在农村居民幸福感提升中

---

① 杨建芳，龚六堂，张庆华. 人力资本形成及其对经济增长的影响——一个包含教育和健康投入的内生增长模型及其检验 [J]. 管理世界，2006（5）：10-18，34，171.
② 谢奕，林玳玳. 人力资本理论的形成与发展 [J]. 中国人力资源开发，2001（2）：8-9，25.

的传导机制和提升路径。

三、公平正义理论

公平正义是一个古老而永不过时的话题。罗尔斯在继承洛克、卢梭和康德为代表的社会契约论的基础上，在《正义论》中提出了"作为公平的正义"理论，认为正义是社会制度的首要价值，社会制度的正义是首要的正义。公共服务作为一种通常的制度安排，也应当符合其核心思想"所有的社会价值——自由和机会、收入和财富、自尊和基础——都要平等地分配，除非对其中的一种价值或所有价值的一种不平等分配合乎每个人的利益"[①]。罗尔斯的这种公平观实际上并不关注机会均等，而直接关注结果的均等，虽然他并不承认他的设计是一种补偿机制。诺齐克是针对罗尔斯的重要批评者，他反对将罗尔斯的差别原则以及将国家和政府的职能延伸至分配领域的主张，取而代之的是他提出的关于持有正义三原则的权利理论：取得之正义原则、交换之正义原则、纠正不正义持有之原则。诺齐克正义三原则的核心是持有的正义，并延伸至获得之正义，为政府设定了严格的干预界限，强调政府的职能是保护公民之权利而不应更多的作为，是一种典型的自由主义公平正义观。阿马蒂亚·森在其《以自由看待发展》一书中完成其理论构建，提出从"可行能力平等"去定义平等。他赞同发展的首要目的是提高人们的福利水平，但认为福利的基础不是功利主义之效用，也不是罗尔斯主张的基本物品，更非诺齐克之自由主义，而是可行能力，即实现各种可能的功能性活动组合的实质自由。在对政府职能的主张上，阿马蒂亚·森更倾向一种折中主义，提倡建立竞争性市场机制和社会保障，双管齐下促进社会进步。在具体政策倾向上，尤为重视教育，认为教育拓展人类的自由，这种可行能力的自由不仅是发展的目的，更是一个价值目的。这种价值倾向接近于马克思关于人的自由全面发展思想。

马克思的公平正义理论蕴藏在其对资本主义社会和资本主义生产方式的批判之上，认为资产阶级之有产与无产阶级之无产这种对立中蕴藏着巨大的不平等。马克思认为，为了保障每个社会成员无论自身条件如何都有同等的生存和发展的权利，社会产品就不应当不折不扣地用于个人的消费分配，而应从总产品中扣除用以社会救济。这被认为是马克思的社会保障思想，然而，更加彻底的马克思关于公平的理论应当是"按劳分配"，因为分配方式事实上是生产关

---

① 高伟. 从追求绝对正义到反对非正义——教育正义论的范式转换[J]. 教育研究, 2016 (8): 13-22.

系的必然结果。什么样的生产关系,决定了什么样的分配方式。劳动者之间的权利是平等的,而参与何种劳动,又取决于自由全面发展的人的劳动能力。因此,公共服务保障的和发展的应该是人自由全面发展的能力,这也应该成为政府的职责和担当。马克思主义的公平正义观区别于资本主义的公平正义观,是伟大的历史创造,其出发点和落脚点都是人本身,通过劳动过程普遍地建立和重构社会关系,进而推动人类和历史的不断前进,这才是最大的公平正义。

第五节 研究理论框架

基本公共教育服务均等化视阈下农村居民幸福感提升路径理论框架体系的设计综合了来自社会学、人口学和公共管理学等多领域、多层次的理论指引,具有前瞻性和精准性。基于前述的幸福感理论、人力资本理论和公平正义理论,对于农村居民基本公共服务均等化背景下的幸福感提升路径,本书设计了一个宏观与微观相适配的分析框架(如图4-1所示)。在宏观和微观两个分析层次,都需要从结构和过程的视角入手去分析基本公共教育服务均等化背景下农村居民的幸福感提升路径。在宏观层次,主要分析基本公共教育服务均等化制度设计与资源供给和农村居民幸福感提升路径之间的结构关系和运作方式。"在微观层次,主要关注了农村居民幸福感感知的逻辑理路和机制机理,进一步挖掘基本公共教育服务与幸福感提升之间的逻辑关联。"

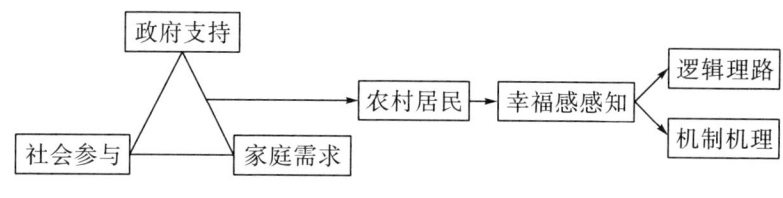

图4-1 研究分析框架

一、框架的宏观层次

研究框架的宏观层次关注了基本公共教育服务向农村居民幸福感传导的逻辑理路。在宏观框架中主要包括了政府、社会和家庭三个主体,探讨基本公共教育服务影响农村居民幸福感的具体路向。研究框架的宏观层面着重关注了基本公共教育服务的供给和需求之间的匹配程度,既从供给侧出发,探讨优质基本公共教育服务的供给规模和结构对农村居民之间的影响,亦从需求着眼,探

第四章 研究框架设计

讨农村居民对于基本公共教育服务的质量和数量要求。总体上来讲，从供需匹配的角度解构宏观层面的研究设计，以期实现供给和需求之间的均衡配置。

（一）政府支持

政府是基本公共教育服务的主要供给者，承担了提供优质基本公共教育服务、推动基本公共教育服务均等化的关键任务。郭庆旺和贾俊雪（2008）分析认为中央财政转移支付对公共基础教育服务不具有显著影响。[①] 安体富和贾晓俊（2010）运用中国 31 个省和自治区 2002—2006 年共 5 年的教育支出面板数据来进行实证分析，认为我国转移支付制度没有向人均财政收入低的地区倾斜，使得我国经济发展水平高的地区可以较大程度满足其公共服务的需求，而经济相对落后地区的公共服务提供受财力制约，有一些公共服务需求得不到满足，导致地区之间收入水平的差距直接反映在公共服务提供水平的差异上。[②] 尹鹏等人（2015）分析了吉林省 2003 年以来人口城镇化与基本公共服务的关系，发现人口城镇化发展呈现空间非均衡性和时间稳定性状态，高值分布于东部沿海地区和中部核心城市，低值分布于西部内陆地区和资源枯竭型城市。基本公共服务发展呈现递增态势，基本公共教育服务地域分异明显。[③] 胡祖才（2010）提出新形势下推进基本公共教育服务均等化，要遵循"保基本、强基层、建机制"的基本思路逐步向前推进。[④] 以上研究成果均体现了政府在基本公共教育服务供给过程中的关键基础性作用，推动基本公共教育服务均等化，政府不能失位。需要通过财政供给倾斜等手段加快推动实现农村基本公共教育服务均等化，以常态化的支持推动农村基本公共教育服务质量水平的持续性提升。

现阶段逐步实现基本公共教育服务均等化，要坚持以人为本，坚持政府为主，坚持公平为先，坚持质量为重。张京祥等人（2012）基于对基本公共服务设施、均等化布局的理解，提出在动态城市化进程中实现设施供给的公平与效率的对策建议。研究重点以常州市乡村地区的基本教育设施为实证样本，运用社会调查与 GIS 等定量与定性方法，提出了乡村基本公共服务设施配置的导

[①] 郭庆旺, 贾俊雪. 中央财政转移支付与地方公共服务提供 [J]. 世界经济, 2008 (9): 74-84.

[②] 安体富, 贾晓俊. 完善省以下转移支付制度 增强基层政府公共服务能力 [J]. 经济研究参考, 2010 (36): 12.

[③] 尹鹏, 刘继生, 陈才. 东北地区资源型城市基本公共服务效率研究 [J]. 中国人口·资源与环境, 2015 (6): 127-134.

[④] 胡祖才. 努力推进基本公共教育服务均等化 [J]. 教育研究, 2010 (9): 8-11.

引标准。① 杨东亮和杨可（2018）借鉴经济收敛检验思想，提出研究财政分权对教育公共服务均等化影响的基准模型，应用新的财政分权测度指标，利用县级数据进行实证研究，以便更全面地分析财政分权对地方政府公共服务供给意愿和供给能力的影响，建立空间面板数据模型保证实证结果的可靠性。② 实证结果支持财政分权不利于教育公共服务均等化的基本观点，促进教育公共服务均等化整体实现的政策建议包括创新财政分权体制和改革官员晋升体制等。陈全功和程蹊（2008）对民族地区基本公共服务均等化的独有内涵和范围构造一个加权计算式框架，衡量各区域的均等化水平，结果显示，民族地区的基本公共服务"均等化"水平低于全国和东部地区，最大的差距体现在基础教育上。③

（二）社会参与

社会参与是基本公共教育服务供给的重要组成部分。在基本公共教育服务体系建设背景下，目前政府主导的公立机构有着其既有优势，而民办机构特别是民办教育机构则是目前的短板。④ 这既不利于市场视角的社会公平，又不利于公共服务事业的大力发展。社会参与作为拓展基本公共服务均等化建设的重点路径和有效方式，在农村基本公共教育服务供给和享有过程中发挥着重要的作用。⑤ 在基本公共服务的供给环节，通过政府购买基本公共教育服务，鼓励社会组织参与农村基本公共教育服务的供给；在需求环节，通过农村议事会等形式为社会组织其他社会成员提供行之有效的参与方式；在监督环节，通过引入第三方监督或者设立农村基本公共教育服务监督员等形式对农村基本公共教育服务的内容、质量和规模进行监督和评测。

总的来说，在农村基本公共教育服务的全过程中，社会参与的力量必不可少。评判农村基本公共服务的均等化水平，亟须鼓励和支持社会力量进入农村

---

① 张京祥，葛志兵，罗震东，等. 城乡基本公共服务设施布局均等化研究——以常州市教育设施为例 [J]. 城市规划，2012（2）：9-15.
② 杨东亮，杨可. 财政分权对县级教育公共服务均等化的影响研究 [J]. 吉林大学社会科学学报，2018（2）：93-103，205-206.
③ 陈全功，程蹊. 民族地区的基本公共服务均等化：涵义、现状水平的衡量 [J]. 中南民族大学学报（人文社会科学版），2008（5）：97-102.
④ 杨宜勇，邢伟. 公共服务体系的供给侧改革研究 [J]. 人民论坛·学术前沿，2016（5）：70-83.
⑤ 余梦秋，陈悦之. 统筹城乡背景下基本公共服务均等化实现机制研究——以四川省为例 [J]. 农村经济，2017（3）：20-25.

基本公共服务供给的场域之中。开放社会力量准入通道，畅通社会资本进入农村的准入渠道。[①] 有鉴于此，本书在社会参与维度基于基本公共教育服务的供给、需求和监督环节对社会力量参与基本公共教育服务的流程、内容和质量进行再现。研究需要进一步发掘和探讨基本公共教育服务在供给过程中多元维度参与的可能性与可行性。

（三）家庭需求

家庭作为基本公共服务研究中的重要单元，在公共服务资源配置优化过程中具有重要作用。家庭人口规模、家庭成员受教育程度和社区经济等家庭区域特征对于基本公共教育服务的可及性和可获得性具有正面影响。[②] 相较于城市基本公共服务的质量和水平，农村基本公共服务特别是基本公共教育服务与其存在着较大的差距。随着我国主要矛盾的变化，目前农村居民对于高质量基本公共教育服务的需求愈发明显。与之相对应的是，按照我国现阶段的教育资源配置情况，仍存在高质量公共教育服务资源分布不平衡和发展不充分的情况：一是学前教育供给不足。部分农村地区儿童由于不能接触到学前教育，往往会产生入学后的不适应。二是义务教育阶段教育质量不高。农村地区特别是经济条件较差的农村地区由于师资力量贫乏、学生流动率高等情况，教学质量与城市存在较大的差距，这进一步造成了城乡基本公共教育服务的非均等化。三是职业教育和技能培训资源稀缺。在乡村振兴的宏观背景下，对乡村人才的需求不断攀升。受制于落后的思想观念和行为习惯，往往难以改变既有思维。因此，针对性的职业教育和成人教育便显得格外重要。

有鉴于基本公共教育服务的需求与供给之间的非均衡现状，从供给侧角度出发满足家庭基本公共教育服务需求具有一定的必要性。基本公共教育服务的可及性和可得性不仅与多维度的供给密切相关，也和需求匹配存在着关联。基本公共教育服务的均等化供给需要与农村居民的基本公共教育服务需求相适配。换言之，在宏观的角度对农村基本公共服务均等化进行设计和研判，必须考虑到关键群体的目标要求，统筹兼顾并精准施策，牢牢把握农村居民的需求痛点。

---

① 孙旭宁. 基本公共服务均等化法治体系建构与民生底线保障[J]. 中国行政管理，2014(8)：101-104.

② 杨刚强，孟霞，孙元元，等. 家庭决策、公共服务差异与劳动力转移[J]. 宏观经济研究，2016(6)：105-117.

二、框架的微观层次

在研究框架的微观层次时,着重落脚于农村居民这一关键人群,探讨农村居民幸福感提升的逻辑理路和机制机理。

(一)逻辑理路

幸福感感知提升并非一蹴而就,而是通过一系列的机制传导和中介作用而得以实现。已有研究指出,个体对基本公共服务的满意度存在着明显的人群差异。[1] 不同的学历背景、年龄、户籍以及职业都会对公共服务的满意度带来影响。值得注意的是,农村居民在获取公共服务层面存在着一定劣势,这会造成较低的公共服务满意度,进而影响该群体的整体幸福感。因此,满足最迫切的基本公共服务需求,优先改善处于弱势地位的群体的公共服务水平,才能够推动整体幸福感水平的提升。

(二)机制机理

公共服务与居民幸福感的实证研究主要集中于社会保障和医疗卫生等与居民身体感知密切相关的公共服务维度。殷金朋等(2016)探讨了社会保障支出和社会保障水平与居民幸福感的正向关系,认为其存在复杂的作用路径,增加了制定执行的难度。[2] 臧敦刚等(2016)以村庄民主作为中介,探讨了公共服务和农村居民幸福感之间的关系,认为公共服务对市场化水平较高的农户的作用要高于市场化水平较低的农户。[3] 程名望和华汉阳(2020)通过研究表明购买社会保险的农民工比未购买社会保险的农民工幸福感更高,其中医疗保险购买的边际效应最高。[4] 已有学者对公共服务与农村居民的幸福感之间的关联进行了较为细致的探讨,然而不同的基本公共服务项目对不同人口学特征的群体的作用路径并不一致。因此开展本书的探索研究,既要挖掘农村弱势群体的幸福感动态变化路径,同时也应当将其放入农村居民的整体幸福感研究当中。通

---

[1] 周绍杰,王洪川,苏杨. 中国人如何能有更高水平的幸福感——基于中国民生指数调查[J]. 管理世界,2015(6):8-21.

[2] 殷金朋,赵春玲,贾占标,等. 社会保障支出、地区差异与居民幸福感[J]. 经济评论,2016(3):108-121.

[3] 臧敦刚,余爽,李后建. 公共服务、村庄民主与幸福感——基于民族地区757个行政村31615个农户的调查[J]. 农业经济问题,2016(3):79-87,111-112.

[4] 程名望,华汉阳. 购买社会保险能提高农民工主观幸福感吗?——基于上海市2942个农民工生活满意度的实证分析[J]. 中国农村经济,2020(2):46-61.

过分析和比较不同人口学特征的农村居民的幸福感提升路径，能够有针对性地对农村居民幸福感提升路径进行具体细致的设计。

第六节　本章小结

本章通过阐述研究目的、厘清研究内容和理顺研究基础，最终设计了研究框架。整体研究框架分为宏观和微观两个部分：宏观部分关注基本公共教育服务的供需匹配，从供给、需求和监督三个维度设计了基本公共教育服务均等化评价框架；微观部分则将关注点聚焦到农村居民与基本公共教育服务的具体影响机制机理，拟引入不同的人口学变量作为协变量增加研究的解释力。

第五章　案例研究

在前面章节的研究中，我们提出了宏观和微观相结合的研究框架：一是基本公共教育服务的供需平衡关系，体现在基本公共教育服务供给的全过程；二是基本公共教育服务与农村居民幸福感之间的关系，体现在基本公共教育服务与特定群体的相互影响之上。在以上各章的讨论中，研究着眼于第一条主线，探讨了基本公共教育服务向农村居民的供需过程。在这些讨论中，农村居民的幸福感培育和提升时常隐喻于各种场景中。例如，农村居民时常会参与到农村职业教育和技能培训的实践中，以及他们的子女也参加了义务教育。在这一章中，农村居民在基本公共教育服务均等化背景下的幸福感提升路径将是我们所关注的重心所在。从基本公共服务和农民群体的幸福感提升互动过程中拓展幸福感提升路径，将是本章主要探索的内容。

农村居民幸福感的提升始终贯穿于公共服务供需平衡的动态关系之中，而且这一关系过程势必会遇到由服务感知到幸福感转化的组织逻辑。在农村居民对不同类型基本公共服务的感知过程中，幸福感提升的作用逻辑得以具体、实在的呈现，并在公共服务供求矛盾中得以具体塑造。在这个背景下，本章从农村居民家庭基本公共教育服务供需案例中讨论农村居民幸福感提升的具体路径。在研究案例中，一方面，以农村居民本身为研究着眼点；另一方面，则以家庭为单位。在一些情形下，个体对于幸福感的感知往往呈现于自身对直接公共教育服务数量的需求；而在另一些情形下，自己的家庭能否获得足够数量和质量的公共教育服务同样会影响其自身幸福感的提升和优化。

这一章着眼于中国西南的乡村小镇，追踪在基本公共教育服务均等化过程中的故事片段。一方面旨在记录在城乡基本公共服务均等化的宏观背景下，农村居民精神和物质资料提升的场景与过程，另一方面则是通过对这一事件的具体记录和持续观察解读农村居民幸福感提升的机理机制，从微观层面解读基本公共教育服务与农村居民之间的互动逻辑，认识在乡村振兴和共同富裕背景下农村居民幸福感提升的具体路径。

第五章 案例研究

第一节 案例简介与资料收集

一、案例简介

本章以案例研究为手段，以 Z 市 C 乡农村基本公共教育服务改革为研究解剖对象，通过对该典型案例的全景式扫描，对农村居民在基本公共教育服务水平提升背景下幸福感变化的路径进行描摹和回顾。

Z 市是典型的老工业城市，以案例研究的方式研判基本公共教育服务均等化背景下农村居民幸福感提升路径有一定的典型性和代表性。一是该市基本公共教育服务门类齐全，能够较好地概览基本公共教育服务水平全貌。在基本公共教育服务的内容供给上，Z 市拥有各级各类学校（园）719 所，涵盖了基本公共教育服务的基本门类，选择 Z 市作为案例研究的对象具有一定的代表性。二是 Z 市城乡居民可支配收入差距较大，城乡义务教育供给水平存在一定的不均衡状况。Z 市 2020 年农村居民人均可支配收入为 18788 元，城镇居民可支配收入为 38781 元，城乡居民人均可支配收入比值为 2.06，城乡居民收入仍存在较大差距。

在一段时间以来，C 乡基本公共教育服务水平处于低位。与之相伴随的是近年来由于农村劳动力外出，大量留守儿童难以受到良好的家庭教育。基本公共教育服务特别是学前教育和义务教育阶段的供需失衡引发了当地部分居民对基本公共教育服务的需求。随着乡村振兴事业不断朝向纵深推进，Z 市加大了基本公共教育服务的投入和基础设施建设，该乡镇的基本公共教育服务水平得以提升。基本公共教育服务水平的改善能否带来农村居民幸福感的提升和改善，值得以案例分析的方式进一步展开思考和探讨。有鉴于此，笔者将 Z 市 C 乡作为案例研究的来源样本，以实地调研的方式参与观察了基本公共教育服务的供给模式和路径，对该调研点的农村居民的基本公共教育服务获得以及幸福感提升的路径展开深入的探讨和思考。

二、资料收集

本研究所使用的数据和资料源自研究团队于 2020 年 12 月到 2021 年 9 月期间在 Z 市 C 乡展开的田野调查。遵循田野调查中个案研究的三角论证原则，我们开展了多个渠道来源的资料收集和汇总工作。首先，研究团队先后前往 Z

市 C 乡乡政府对相关行政人员进行访谈，初步了解了 C 乡基本公共教育服务的规模和质量，对基本公共教育服务的发展变迁有了一个初步的了解。其次，研究团队前往 Z 市 C 乡中小学进行实地调研，访谈对象包括当地的教师、学生等，进一步了解了当地基本公共教育服务的水平以及受众的满意度并展开了参与式观察。再次，研究人员深入 Z 市 C 乡的田野展开访谈调查，对农户进行访谈和调研，了解当地农村居民对于基本公共教育服务的需求和满意度，以及具体的幸福感水平。最后，研究团队从 2020 年 12 月起展开了文献资料的收集工作，相关资料包括了从网络公开渠道获取的 Z 市基本公共教育服务的政策文件、公开报道、宣传材料以及统计数据，还有从 Z 市 C 乡获取的各类政府文件和政策文本。

第二节　案例回溯

一、基本公共教育服务水平变迁的历史叙事

基本公共教育服务均等化并非一蹴而就的，Z 市 C 乡的基本公共教育服务均等化进程经历了从薄弱到增强再到高质量发展的具体历史路径。基本公共教育服务水平也呈现着由低到高的发展趋势。

> 村民 A 说："我们小时候能够获得的教育（资源）很少，自己也不喜欢上学，后来就打工去了。打工的时候发现文化知识很重要，没什么文化就只能做一些比较累的工作。"

调研过程中，村民 A 如是和访谈者谈论自身的受教育水平与工作之间的关联。这段对话在一定程度上验证了过去的经济收入在一定程度上受教育条件和教育环境所影响。一般来说，劳动力所拥有的人力资本水平与其自身的收入水平存在着正向的关联。受教育水平越高，往往人均可支配收入就越高。从与村民 A 的交谈中我们还能够得出，Z 市 C 乡的基本公共教育服务特别是义务教育阶段的水平在长期以来处于低均等化水平。在过去的 20 年，较低的基本公共教育投入，导致 Z 市 C 乡义务教育学校标准化建设在一定时间范围内处于低位，教师队伍老化，基本公共教育服务水平与其他乡镇或城镇相比存在着较大的差距。

第五章　案例研究

基本公共教育服务的低均等化影响了农村居民的幸福感和获得感，造成了一系列连锁的反应。从直接影响上来看，农村居民平均受教育年限普遍偏低，文化水平难以满足劳动力日常工作的需要。从间接影响上来看，低受教育年限造成的人力资本水平与贫穷互为因果，进一步造成了农村居民整体幸福感水平的低下以及提升的困难。这种影响除了直接作用于农村居民本身之外，还对其子女教育存在着一定的影响。

> 村民B说："作为父母，肯定是不希望孩子走我们的老路，但是自己受的教育不多，没有办法给自己的孩子提供很好的教育。特别希望自己的孩子能够受到良好的教育，走出农村，能够做自己想做的事情，比如多赚一点钱啊，不要像我们自己一样。"

村民B的想法说明了对于基本公共教育服务均等化的要求体现在人力资本的代际传递上。子女所能够接受的基本公共教育服务影响了农村居民的幸福感获得路径。中国传统文化中对教育的关注影响了家庭幸福感的整体提升。正是上一代基本公共教育服务在一定程度上的缺失，造成了对于代际教育水平提升的要求。一般来说，父母的受教育程度越高，对下一代的教育正向影响也就越高。[1] 通过扩大在义务教育阶段的公共教育服务支出力度，能够有效缓解代际收入不平等的现象，提升父母在子女早期教育时的预算约束。[2] 持续对农村地区提高基本公共教育服务支出，能够有效改善收入的代际流动性。[3] 关于贫富差距对农村居民幸福感的负面影响，地区代际流动能够对其实现有效缓解，[4] 而基本公共教育服务对于收入的代际流动影响存在着显著的正向作用。因此，提升子女所能享受到的基本公共教育服务水平对于提升整体的幸福感具有重要的促进和支持作用。

提升基本公共教育服务水平，不仅与农村居民密切相关，同样也与其子女有着密切的关联。从该群体的关注点来看，基本公共教育服务的发展具有历史性的发展叙事。该群体不仅关注于自身过去所能够接受到的基本公共教

---

[1] 邹薇，马占利. 家庭背景、代际传递与教育不平等 [J]. 中国工业经济，2019 (2)：80—98.
[2] 杨娟，赖德胜，邱牧远. 如何通过教育缓解收入不平等？[J]. 经济研究，2015 (9)：86—99.
[3] 徐俊武，易祥瑞. 增加公共教育支出能够缓解"二代"现象吗？——基于CHNS的代际收入流动性分析 [J]. 财经研究，2014 (11)：17—28.
[4] 刘小鸽，司海平，庞嘉伟. 地区代际流动与居民幸福感：基于代际教育流动性的考察 [J]. 世界经济，2018 (9)：171—192.

育服务，同时还着眼于未来的基本公共教育服务需求，关心子女所能够接受到的基本公共教育服务。基本公共教育服务承载了发展性的概念与逻辑。

村民C说："过去所能够接受到的教育有限，自己也没什么好好读书的意识，所以自己过去的学习就耽搁下去了。正是因为这样，才更不希望自己的子女也有这样的经历。现在教育条件好了，校舍也修的比我们小时候更好，所以希望自己的娃娃能够珍惜这样的条件，好好读书。"

村民C如是向访谈者谈论当前该乡的基本公共教育服务水平变迁历程。就目前来看，随着基本公共教育服务均等化朝向纵深推进，该乡的基本公共教育服务水平也得到了一定程度上的提高。教师队伍、学校建设和师资水平相较于过去得到了长足的进步，这也从侧面说明了党和政府对于农村地区特别是较为落后地区的教育事业的重点关注。总的来说，该乡的教育资源总体朝向均等化方向发展，教育资源总量上相较以往得到了提升和进步。然而，在问到对于未来基本公共教育服务的期望时，该村民也提出了自己的担忧：

村民C说："现在什么都在发展，作为父母也更希望自己的孩子能够得到很好的教育。现在村里有点钱的人都愿意把孩子送到城里去读书，毕竟城里的教育资源肯定要比村里要多嘛。自己苦点累点没什么，主要是孩子以后不能吃苦。"

村民C的访谈记录也从侧面印证了城乡之间和区域之间基本公共教育服务的非均等化。随着乡村振兴事业朝向纵深推进，城乡之间基本公共教育服务的差距并没有缩小，反而有扩大的趋势。面对部分农村居民的担忧以及对高质量基本公共教育服务的需求，有必要扩大农村基本公共教育服务的覆盖面并提升农村基本公共教育服务的水平。

根据对于Z市C乡村民的访谈记录，从农村居民的自我感知上来看，Z市C乡基本公共教育服务水平总体上呈现由低均等化向高均等化的发展过程。在这一过程中，师资力量不断提升，校舍面积和经费保障水平不断提高，农村基本公共教育服务水平得到提升和改善。在历史叙事中，农村基本公共教育服务存在着代际期望和积累，农村居民期望子女通过教育水平的提升改变自身的命运。因此，基本公共教育服务与幸福感提升的路径存在着一定的代际关联。值得注意的是，尽管目前农村基本公共教育服务水平得到了一定程度上的提升，但是与城市相比，仍存在着总量上和结构上的差距。建立健全农村基本公共教育服务体系，需要在补足薄弱环节的同时改善农村基本公共教育服务的核心内容，缩小城乡间基本公共教育服务的发展差距，推动城乡基本公共服务教育均等化的实现。

二、提升基本公共教育服务均等化水平：政府在行动

为了推动农村基本公共教育服务均等化水平的提升，Z市也通过出台一系列公共政策并划拨专门的公共财政支出来弥补短板，从而提升农村教育的整体质量。一系列农村基本公共教育服务政策工程的出台，在一定程度上保障了农村居民享有高质量的基本公共教育服务，缩小了城乡区域间教育发展的差距。

> C乡政府工作人员D表示："近些年来，政府加大了对农村教育的投入，从基础设施、资金等方面对已有条件进行了改善。"

基本公共教育服务规模总量和质量水平始终是供需双方关注的重点。首先，Z市在补齐短板之初，率先加大农村基本公共教育服务投资，提升基本公共教育服务办学水平。计划建设教学及辅助用房及生活用房13.87万平方米；采购设施设备0.72亿元。预计新增学位15715个，新增班级302个。截至目前，已累计投资5.33亿元，建设教学及辅助用房及生活用房面积15.75万平方米，完成设施设备采购0.68亿元。项目的实施使Z市教育、教学资源得到很大程度的均衡，校园校舍焕然一新，整体提升了义务教育学校的办学水平。

其次，Z市着眼基本公共教育服务的城乡差距，弥补短板。Z市不断提升农村义务教育学校办学质量，努力缩小城乡教育差距。规划资金5.17亿元实施义务教育薄弱环节改善与能力提升工作，惠及义务教育学校52所。通过项目的实施使Z市教育、教学资源得到很大程度的均衡，校园校舍焕然一新，整体提升了义务教育学校办学水平。

在此基础上，Z市C乡基本公共教育服务水平也得到了提升发展。在基础设施上，Z市C乡小学校园环境得到了较大的改善。自2011年以来，新建了教学楼、食堂和幼儿园，对学生活动场地进行了进一步改造，从供给层面改变了既往基本公共教育服务供需失衡的现状。在硬件设备上，通过财政供给倾斜有效提升了Z市C乡小学的设备数量和规模，缩小了与城市学校的差距。自2015年以来，Z市C乡小学逐步配置教学一体机，所有学校在2015年与城市一道按标准配置了教学仪器装备和实验装备。村小与中心校之间有互动录播设

备相连，所有学校校园网络均已实现班级全覆盖。Z市C乡对于农村基本公共教育服务水平改善的投入具有持续性。目前，Z市C乡正在实施城乡学校灯光改造工程，拟投入256万元改造全城中小学共计320间教室的照明系统，所有农村学校均列入改造计划。

与此同时，目前Z市依然存在一些学校校舍和校园占地不足等问题，校园周边环境局限了学校发展。完成优质均衡、标准化建设、寄宿制建设等规划项目急需另辟新址、新建分校或旧址实施改扩建，欠缺大量教育用地和建设资金。下一步Z市政府将结合基础教育学校布局调整工作要求，进一步优化农村学校布局结构，撤并一批办学条件差、生源严重不足的小规模农村学校，做好保留农村学校的硬件设施改善工作。同时，做好"十四五"规划项目储备，包装储备一批农村学校改扩建和设备采购项目，做好资金争取。

当地政府关注城乡基本公共教育服务规模、水平和质量之间的差距，推动农村基本公共教育服务由一般均衡向优质均衡转向。然而，推动农村居民幸福感提升仍存在着一定差距和发展空间，土地、资金等方面的短缺限制了农村基本公共教育服务提升的空间。我们可以看到，农村基本公共教育服务的优质供给和实际资源配置之间存在着一定的偏差。补齐基本公共教育服务短板仍有一定程度上的困难，需要政府在多方面进行着力。

三、基本公共教育服务与农村居民幸福感之间的动态关联

基本公共教育服务的水平提升和农村居民的幸福感之间的关系并非一成不变的，通过案例研究回溯，我们能够发现针对基本公共教育服务的不同内容，不同群体的幸福感表达并不一致。

基本公共教育服务与农村居民存在影响关系，案例研究验证或部分验证了研究假设。已有研究指出了基本公共服务与农村居民幸福感提升之间的路径关系，通过公共文化服务的供给扩大能够满足居民的精神需要，进而提升幸福感整体水平。[①] 基本公共医疗卫生服务[②]、社会保险[③]等一系列基本公共服务内容

[①] 曾鸣. 公共文化支出影响农村居民幸福感了吗？[J]. 首都经济贸易大学学报，2019（3）：26-36.

[②] 徐龙顺，李婵，卢海阳，等. 医疗卫生、住房保障与居民生活满意度关系研究——基于CGSS2013数据实证分析[J]. 西北人口，2017（4）：87-95.

[③] 侯志阳. 社会保险能否让我们更幸福？——基于阶层认同的中介作用和公共服要务绩效满意度的调节作用[J]. 公共行政评论，2018（6）：87-111，211-212.

能够有效提升居民的幸福感。除了具体项目的基本公共服务对于居民特别是农村居民幸福感的研究外,部分研究还针对公共服务整体对幸福感的影响进行了探究。已有研究指出,公共服务支出的增加有助于提升农民的幸福感。[①] 总的来说,公共服务的支出与居民幸福感之间存在着正向相关关系。此外,还有部分学者关注到了公共服务的部分特质与幸福感之间的关联。公共服务的质量和数量是影响居民幸福感的关键因素。从公共服务的属性上来看,便利性、充足性、普惠性和均等性等特质都会对居民幸福感产生影响。从公共服务的整体性关联出发,考虑基本公共服务与居民幸福感之间的关系,不仅要考虑基本公共服务的基本内容与幸福感是否存在影响,也要关注公共服务供给的方式、特征等维度对于该群体影响的动态变化。

研究表明,具有适龄子女的农村居民对于基本公共教育服务改进感知的幸福感提升幅度较高。农村居民将代际教育传递视为改变下一代命运的机会,这就产生了基本公共教育服务与其自身幸福感之间的关联。随着地方政府基本公共教育服务投入的增加和教育环境条件的改善,这种动态关联还会进一步得以强化。

> 村民E说:"我们希望孩子能够得到好的教育,他们以后的生活好了,我们也就高兴了。我们也晓得咱们这里比较穷,没法让孩子受到好的教育。所以就更希望咱们政府能够加大投入,改善一下现在教育落后的面貌。"

在不同群体对象之间,基本公共教育服务对于农村居民幸福感提升的影响作用也存在着偏差。相较于具有适龄子女的家长,其他农村居民对于基本公共教育服务的需求并不十分明显。

> 村民F说:"自己年龄大了嘛,接不接受教育也就无所谓了,相比之下,自己更加关心自己的医疗和养老问题。"

以上访谈内容进一步验证了农村居民在不同基本公共服务项目上的需求差异,农村居民的幸福感感知往往与自身的需求存在着密切的关联。子女数量、

[①] 王兵,杨宝. 村庄公共支出规模、结构和农民幸福感[J]. 中国行政管理,2018(2):53-57,70.

子女年龄、自身年龄和性别等多种因素均会对不同项目的基本公共服务对幸福感的感知带来影响。

研究发现，基本公共教育服务与农村居民幸福感之间存在动态关联路径，基本公共教育服务在不同类型的农村居民之间的幸福感表达存在着一定差异。与此同时，农村居民的幸福感表达存在着差异，不同的基本公共项目对于单一个体也存在着差异。提升农村居民的幸福感，一方面要关注到该群体本身对于基本公共服务需求的差异化表达，另一方面也要从多个维度出发精准供给基本公共服务项目。

第三节 本章小结

谈及基本公共教育服务与农村居民幸福感的关系，似乎普遍得到认同的结论是基本公共教育服务均等化水平越高，农村居民的幸福感也会越高。然而已有研究尚未完全明确的是，二者之间究竟存在着何种发挥作用的路径和演进方式。本书研究显示，基本公共教育服务在农村居民幸福感之间的幸福感传导逻辑存在着多元复合模式。在基本公共教育服务需求刚性约束限制的情况下，政府部门需要满足日渐多元化且对质量要求逐渐增加的基本公共服务供给的挑战。高质量基本公共教育服务的供需平衡越发重要，这就需要将社会、市场和家庭等各方利益相关者纳入基本公共教育服务供给流程方面。在幸福感提升方面，我们发现基本公共教育服务与农村居民之间的幸福感之间的关系并非绝对的，而是在不同人群及不同年龄群体之间存在着差异。

通过案例研究的回溯，笔者发现基本公共教育服务对于农村居民的作用机制和条件并非完全一致。Z市基本公共教育服务的发展存在着区域及城乡资源配置的不均衡，这使得我们的案例能够覆盖农村群体的大部分以及基本公共教育服务的多元类目。可能存在的问题倒逼地方政府必须着力提升农村基本公共教育服务均等化水平，并在这个过程中关注农村居民特别是有子女的农村居民的满意度和幸福感。

案例研究表明，基本公共教育服务均等化背景下农村居民的幸福感提升路径存在精准供给、需求响应和分类识别的三重逻辑理路。一是政府依据基本公共教育服务需求，对农村特别是农村有教育需求群体进行精准供给。政府是基本公共服务特别是普惠性基本公共教育服务的主要供给者，基本公共教育服务的供给离不开政府的财政支持和政策指导。因此，基本公共教育服务的主要供给者是地方政府，辅之以适当的市场主体。在本案例的研究探讨中，主要由政府对基本公共教育服务进行了财政支持。政府提供的基本公共教育服务精准与全面与否，往往取决于政府的供给水平和能力。二是对农村居民的基本公共教育服务需求进行响应和满足。案例研究表明，农村居民相较于其他群体，其幸福感提升和变化的敏感度更高，如果延迟满足或者不满足其公共服务需要，则会严重影响其自身的满意度和幸福感。三是经由分类识别不同类型的农村居民在不同时期的差异化基本公共教育服务需求表达，统筹兼顾实现基本公共教育服务的有效供给。农村居民对于基本公共教育服务的需求存在着年龄、性别和代际之间的差异，因此，对不同群体类型下的需求分类识别，将会大大提高基本公共教育服务的供给效率，最终形成幸福感提升的逻辑闭环。

第六章　调查实验研究设计

第一节　调查实验方法

一、含义与特征

调查实验法（Survey Experiment）是行为公共管理研究中最为常见的一种方法，它将传统调查问卷同实验研究方法的逻辑结合起来，通过对实验子群体的实验，在保证一定实验信度和效度的前提下，得到能够推广到总体的实验结果。①

同传统调查问卷类似，调查实验通过一系列问题设置探究受访者对特定议题的态度。不同的是，调查实验通常将调查问卷分为几个版本，并把受试单元随机分配（如按照问卷编号的单双号交替）到实验组和控制组，分别对不同的问卷作答。②③ 见表 6-1，Blom-Hansen 等（2015）对传统问卷法和调查实验法进行了区分。④ 由表可见，调查实验最为显著的特点就是随机性和外部干预，它遵循某种随机分配方法，探究不同的措词（Wording）对受访者关于某项问题特定看法的干预效应。⑤

---

① 孟天广，杨平，苏政. 转型中国的公民意见与地方财政决策——基于对地方政府的调查实验[J]. 公共管理学报，2015（03）：57-68，157.
② 张开平，汤峰. 实验方法及其在美国政治研究的应用[J]. 美国研究，2020（3）：142-160.
③ 王思琦. 公共管理与政策研究中的实地实验：因果推断与影响评估的视角[J]. 公共行政评论，2018（1）：87-107，221.
④ Blom-Hansen J, Morton R, Serritzlew S. Experiments in public management research[J]. International Public Management Journal,2015(2):151-170.
⑤ Barabas J,Jerit J. Are survey experiments externally valid?[J]. American Political Science Review,2010(2):226-242.

表 6-1 传统调查问卷与调查实验的区别

研究方法	实验组是否与基线组比较？	干预是否或者趋近外生的？	被试者是否或者趋近随机化	研究者是否控制干预？
传统调查问卷	√	√	√	√
调查实验	√	×	×	×

资料来源：Blom-Hansen 等（2015）。

相比于其他两种实验方法（即随机实地试验、实验室实验），调查实验具有操作简便、成本低廉的优势（见表 6-2）。一方面，它与传统的问卷调查方法形式非常相近，对研究者而言更容易上手。[①] 另一方面，开展调查实验的软硬件要求都相对较低，既不需要有实验室及其设备，也不需要有合适的现场情境可供研究，研究者只需要将问卷进行分发和收集即可，这使得在实验程序复制上较容易实现。

表 6-2 实验方法优劣势比较

| 维度 | 实验室实验 | 随机实地实验 | | | 调查实验 |
		人工实地实验	框架实地实验	自然实地实验	
实验设计难度	高	高	高	高	低
实验操作难度	高	高	低	低	低
实验设备要求	高	高	低	低	低
无关变量控制能力	强	强	弱	弱	弱
代表性样本实现难度	高	低	低	低	高
实验过程复制难度	低	低	低	高	低

资料来源：改编自李晓倩（2019）。

但与此同时，调查实验还存在以下不足：研究者对于无关变量的控制能力较弱。调查实验开展的过程中，由于被试者主要来源于委托中介（包括网络平台）或合作方，[②] 研究者与被试者多数情况下并不在同一个环境中，这使得研究者很难监控到被试者在回答问卷时是什么样的状态，这在一定程度上可能会影响到研究的敏感度，同时也会限制研究程序的难度。

[①] 李晓倩. 公共管理研究中实验方法的应用：质疑与辨析 [J]. 公共管理评论, 2019，(3)：117-138.

[②] 李晓倩，吕孝礼，徐浩，等. 国外公共管理实验研究的进展与启示 [J]. 公共管理评论，2017（2）：16-34.

二、公共管理领域的调查实验

实验法作为揭示事物因果链条的核心方法，最早应用于包括物理学、医学、生物学、农学等在内的自然科学领域。实验法在社会科学的运用最早出现在心理学领域。Wilhelm Wundt 于 1879 年建立第一个心理实验室，开创实验心理学。① 20 世纪 20 年代，实验法迅速蔓延到经济学和政治学领域，并形成实验经济学和实验政治学。相比于实验方法在心理学、经济学和政治学的蓬勃发展，虽然其在公共管理领域的应用最早可以追溯到泰罗和西蒙管理理论的科学或事实主义传统，② 但后续的推进却较为缓慢。直到近几年，随着行为公共管理的兴起，实验方法才开始广泛地应用于公共管理研究领域。③

调查实验因其成本和操作上的天然优势，是公共管理研究中最受欢迎的实验方法之一。目前公共管理实验研究中约一半以上的研究都使用了调查实验，④ 这些研究大致可以分为两类。第一类研究使用调查实验来探究以政府为主的公共部门内部组织行为的运作规律，重点关注政府主体的个体行为和组织行为。其中个体行为的研究主要针对公共部门工作人员展开，而组织行为的研究则主要围绕组织内的人力资源管理进行。如 Nielsen & Baekgaard（2015）通过对 844 名丹麦市政府议员进行随机实验，探究绩效信息对议员个体预算决策的影响。⑤ Pedersen（2015）通过设计调查实验发现低强度的外部干预有利于激发公共服务动机。⑥ Hertel-Fernandez 等人（2019）通过调查实验发现立法机构职员对民意的认知存在系统性偏差。⑦ Pedersen & Stritch（2018）借助

---

① 张开平，汤峰. 实验方法及其在美国政治研究的应用 [J]. 美国研究，2020（3）：142-160.

② 李文彬，陈晓绚. 公共管理实验法运用与反思：以公民满意度为例 [J]. 广西师范大学学报（哲学社会科学版），2021（5）：79-94.

③ Jilke S, Wall S V, Kim S. Towards an experimental public administration[EB/OL]. (2014-09-07)[2021-10-12]. http://www.kdi.re.krdatadownload/attach/27610_20140907.pdf.

④ 李晓倩，吕孝礼，徐浩，等. 国外公共管理实验研究的进展与启示 [J]. 公共管理评论，2017（2）：16-34.

⑤ Nielsen P A, Baekgaard M. Performance information, blame avoidance, and politicians' attitudes to spending and reform: evidence from an experiment[J]. Journal of Public Administration Research and Theory, 2015(2):545-569.

⑥ Pedersen M J. Activating the forces of public service motivation: evidence from a low-intensity randomized survey experiment[J]. Public Administration Review, 2015(5):734-746.

⑦ Hertel-Fernandez A, Mildenberger M, Stokes L C. Legislative staff and representation in Congress[J]. American Political Science Review, 2019(1):1-18.

第六章 调查实验研究设计

调查实验考察管理方式对员工管理可靠度感知的作用机制。[①] Christensen 等人（2013）则通过调查实验设计探讨管理者的公共服务动机是否会影响对于员工的绩效评价。[②]

第二类研究则通过调查实验探究政府行为给公众带来的认知感受和情绪体验，主要包括公众对绩效的评价、公民感知和公民态度。其中，绩效评价研究主要关注政府、公共服务绩效、公民绩效评价之间的因果关系，公民感知研究探讨政府输入行为对公民感知的作用机制，公民态度则强调公民对政府机构的信任程度、对公共服务的满意度以及对政府失效、服务失能的责备程度。如 Andersen（2017）探究了不同种族背景的校长对不同叙事下的多元文化政策的态度。[③] Kim 等（2017）则考察了不同种族被试者在报告社会服务动机时的社会称许性差异。[④] Hainmueller & Hiscox（2010）借助调查实验探究公众对其他国家不同技能移民的态度。[⑤] Ryzin（2013）[⑥]、Chao（2013）[⑦]、Filtenborg（2017）[⑧]、Grimmelikhuijsen（2017）[⑨] 通过不同的调查实验设计，分析不同国家背景下的公共服务中的期望失验。Hvidman & Andersen

---

[①] Pedersen M J, Stritch J M. Internal management and perceived managerial trustworthiness: Evidence from a survey experiment[J]. The American Review of Public Administration, 2018(1): 67–81.

[②] Christensen R K, Whiting S W, Im T, et al. Public service motivation, task, and non-task behavior: a performance appraisal experiment with Korean MPA and MBA students[J]. International Public Management Journal, 2013(1): 28–52.

[③] Andersen S C. From passive to active representation: experimental evidence on the role of normative values in shaping white and minority bureaucrats' policy attitudes[J]. Journal of Public Administration Research and Theory, 2017(3): 400–414.

[④] Kim S H, Kim S. Ethnic differences in social desirability bias: effects on the analysis of public service motivation[J]. Review of Public Personnel Administration, 2017(4): 472–491.

[⑤] Hainmueller J, Hiscox M J. Attitudes toward highly skilled and low-skilled immigration: evidence from a survey experiment[J]. American Political Science Review, 2010(1): 61–84.

[⑥] Van Ryzin G G. An experimental test of the expectancy-disconfirmation theory of citizen satisfaction[J]. Journal of Policy Analysis and Management, 2013(3): 597–614.

[⑦] Chao D, Kanno T, Furuta K. Experimental study on tourist satisfaction using participatory simulation in a virtual environment[J]. SpringerPlus, 2013(1): 1–9.

[⑧] Filtenborg A F, Gaardboe F, Sigsgaard-Rasmussen J. Experimental replication: an experimental test of the expectancy disconfirmation theory of citizen satisfaction[J]. Public Management Review, 2017(9): 1235–1250.

[⑨] Grimmelikhuijsen S, Porumbescu G A. Reconsidering the expectancy disconfirmation model. Three experimental replications[J]. Public Management Review, 2017(9): 1272–1292.

（2016）①和 Hertel 等人（2019）②则借助调查实验探究不同情景下被试者对绩效信息的态度。Marvel（2015）利用一项调查实验比较了公众对公共和私人邮政机构的感知绩效差异。③ Baekgaard（2015）通过2个调查实验，验证绩效信息、成本信息和公民政策认同度之间的因果关系。④ Tummers 等人（2016）⑤、Kufmann& Tummers（2017）⑥以调查实验作为方法分析繁文缛节对公众满意度的影响。

在这些研究中，学者们大多采用调查实验中的情景实验，即通过构建一个具有真实性的情景描述，同时将自变量嵌套在描述中，来研究被试者对于因变量的观点和态度。⑦ 这种方法提供了一个供被试者做反应的情境，相比其他方法中被研究对象需要抽象自己的态度或者回忆自己在某一情境下的反应来作答，更容易获得直接真实的数据。⑧

本研究将使用调查实验中的情景实验方法，分析不同均等化程度下的公共教育服务对农村居民幸福感的影响。调查实验内容主要包括提出研究假设、进行实验设计、选择实验对象、控制实验环境、比较实验差异、搜集实验数据、分析实验结果七个部分。

---

① Hvidman U, Andersen S C. Perceptions of public and private performance: evidence from a survey experiment[J]. Public Administration Review,2016(1):111-120.

② 吴建南,刘遥. 公众如何感知公立医院和私立医院的绩效差异？——基于一项调查实验的比较研究 [J]. 公共行政评论, 2020 (6)：99-113.

③ Marvel J D. Public opinion and public sector performance: are individuals' beliefs about performance evidence-based or the product of anti-public sector bias?[J]. International Public Management Journal,2015(2):209-227.

④ Baekgaard M. Performance information and citizen service attitudes: do cost information and service use affect the relationship?[J]. International Public Management Journal,2015(2):228-245.

⑤ Tummers L, Weske U, Bouwman R, et al. The impact of red tape on citizen satisfaction: an experimental study[J]. International Public Management Journal,2016(3):320-341.

⑥ Kaufmann W, Tummers L. The negative effect of red tape on procedural satisfaction[J]. Public Management Review,2017(9):1311-1327.

⑦ Aguinis H, Bradley K J. Best practice recommendations for designing and implementing experimental vignette methodology studies[J]. Organizational Research Methods,2014(4):351-371.

⑧ 李晓倩,吕孝礼,徐浩,等. 国外公共管理实验研究的进展与启示 [J]. 公共管理评论, 2017 (2)：16-34.

第六章 调查实验研究设计

第二节 调查实验设计

一、研究假设

如前面章节所述,已有研究已经关注到了基本公共服务均等化与幸福感之间的关联,如廖福崇(2020)[①]、范柏乃和唐磊蕾(2021)的研究都发现,公共服务均等化程度对提升居民幸福感具有"乘数效应"[②]。更有学者发现,公共服务供给的充足程度对农村收入较低居民幸福感的影响最明显。[③] 基于此,本研究从供给侧角度出发,探究基本公共教育服务均等化与农村居民幸福感之间的因果关系,并提出以下研究假设:

农村居民幸福感与基本公共教育服务均等化程度呈正相关。

二、变量操作化

(一)自变量

本研究以基本公共教育服务供给侧为导向,将基本公共教育服务均等化水平作为研究自变量。基本公共教育服务的衡量指标主要为九年义务教育巩固率、义务教育基本均衡的比例、普通小学/初中/高中一般公共预算教育事业费、小学/初中/高中师生比。

(二)因变量

本研究的因变量为幸福感。主观幸福感的定义是个体根据自身内定的标准对其生活质量所做的整体性评估,反映在问卷设计上是一个直接的问题:"总体而言,您觉得您现在幸福吗?"

[①] 廖福崇. 基本公共服务与民生幸福感:来自中国综合社会调查的经验证据[J]. 兰州学刊, 2020(5): 136-150.

[②] 范柏乃, 唐磊蕾. 基本公共服务均等化运行机制、政策效应与制度重构[J]. 软科学, 2021(8): 1-6.

[③] 杨秀勇. 公共服务供给对居民幸福感的影响——基于中国综合社会调查数据的实证分析[J]. 行政与法, 2021(8): 84-94.

（三）协变量

在调查实验中，除了自变量之外的变量统称为协变量。通过对协变量的数据分析可以观察样本的具体构成，同时研究这些变量如何影响自变量，最终得出对因变量的影响。在实验中通过对这些干扰变量进行控制，获得自变量单独对因变量的影响。首先，以往研究显示，性别、年龄、受教育程度、婚姻状况、健康状况、政治信任和社会资本对幸福感都会产生影响，因此将其纳入协变量中。其中，对政治信任的测量主要遵循两条进路：第一条是体制性信任测量进路，测量维度包括民众对政治体系、政治制度、党或政府决策、政府的政治行为等的信任；第二条是政治机构及其公职人员的信任测量进路。政治机构的信任测量主要涉及中央政府、省委省政府、市委市政府、县委县政府、乡党委乡政府及居委会或村委会等，政治人员的信任测量主要涉及警察、法官、人大代表、党代表、中央领导、省领导、市县领导、乡干部、村干部、村小组干部等。[①] 本研究采用的是第二种测量路径，即受访者对政府机构及其公职人员信任的整体水平，包括中央政府、乡镇政府、村两委、法院、警察等五个选项。社会资本特征的测量主要以农村地区文化的差序格局为基础，分为人际信任变量和社交参与变量。具体而言，人际信任变量即被试者对亲戚、邻居和朋友的信任程度，社交参与变量即被试者分别与亲戚、邻居和朋友进行社交活动的频率。协变量具体赋值情况见表 6-3。

表 6-3 协变量赋值表

协变量名称	分类	赋值
性别	男	0
	女	1
年龄	30 岁及以下	0
	31～40 岁	1
	41～50 岁	2
	51～60 岁	3
	60 岁以上	4

---

① 梅立润，陶建武. 中国政治信任实证研究：全景回顾与未来展望[J]. 社会主义研究，2018 (3)：162-172.

续表6-3

协变量名称	分类	赋值
受教育程度	小学及以下	0
	初中	1
	高中/中专/技校/职高	2
	大专	3
	本科及以上	4
婚姻状况	未婚	0
	已婚	1
	同居	2
	离异	3
	丧偶	4
健康状况	很不健康	0
	比较不健康	1
	一般健康	2
	比较健康	3
	很健康	4
政治信任 （分中央政府、乡镇政府、村两委、法院和警察五个层次）	很信任	0
	比较信任	1
	一般信任	2
	不太信任	3
	很不信任	4
社交资本特征（分人际信任和社交参与两个层次）	低	0
	高	1

三、样本选择与抽样方法

为保证因果推论的效度，本调查实验采取随机化分配的方式进行，包括调查地点随机选择、调查样本随机选择及实验组与控制组的随机分配，以有效降低样本选择误差，控制可观测与不可观测混淆变量对调查结果的影响。根据调查实验的需要与实验设计，本研究的样本数量范围在300个左右。

(一) 调查地点随机选择

为了研究的可行性和方便性,本研究采用多级整群抽样的方式,最终确定 12 个行政村作为调查地点。具体而言,首先,对四川省管辖的 5 个经济区域(包括成都平原经济区、川南经济区、川东北经济区、攀西经济区、川西北生态示范区)进行随机抽样,形成 1 个初级抽样单位;其次,根据选出的 1 个初级抽样单位,编制其所属地级市、县、区名单并进行随机抽样,形成 3 个次级抽样单位,以此类推,最终抽样出 12 个行政村作为调查地点。

(二) 调查样本随机选择

在深入调查地点进行面对面调查时,采取随机抽取途经农村居民的方式进行调查。本研究所调查的对象为农村居民,结合前面章节基本概念,本研究将农村居民选取为户籍所在地为农村的人群。

(三) 实验组随机分配

本实验将采用组间实验的方法,通过对基本公共教育服务均等化进行情景设计,分为实验组 1(高均等化)、实验组 2(低均等化)。组间实验有利于克服自变量之间的相互影响,且避免了练习效应和疲劳效应。在调查实验中,将 2 组不同的问卷随机分配给农村居民群体。问卷随机发放,避免了实验组之间出现系统误差。当被试者被要求回答幸福感时,他们可能会按照他们认为应该做出的回应进行回答,也就是存在社会期望偏差问题。调查实验的方法能大大降低社会期望偏差出现的风险。[①] 在此次实验过程中,每位被试者只填写一份问卷,且没有被提前告知存在实验设计,从而避免被试者知晓要对高均等组和低均等组进行比较,以此降低出现社会期望偏差的风险。

四、调查实验设计

调查实验通过在问卷中设置不同情景来对被试者实施干预,干预方式为展示 M 镇不同的各类基本公共教育服务高均等化或低均等化的文本信息。首先通过随机分组给调查对象发放随机版本的问卷,同时在不同版本的问卷中采取不同的干预情景,然后再测量结果变量,即由被试者填写农村居民的幸福感问

---

① Hvidman U, Andersen S C. Perceptions of public and private performance: evidence from a survey experiment[J]. Public Administration Review, 2016(1):111−120.

卷。本研究采取面对面的纸质版问卷调查方式，主要考虑到农村居民的互联网普及率与使用率相对较低，且拒访率较高的特点，从而减轻了样本自选择偏差（Self-selection Bias）。同时，为取得被试者的信任与合作、保证实验的质量，本调查采取一对一匿名调查方式。选择虚拟对象 M 镇作为文本干预的原因在于：第一，根据虚拟对象相关描述对幸福感进行打分，在一定程度上排除了受访者个人印象的干扰；第二，虚拟测评对象的设定使实验在理论上隔离了其他因素的影响，实验对象在一定程度上不能靠经验进行判断，实验刺激更加明显。此外，为让实验对象在受访时能够抓住基本公共教育服务均等化相关事实的重点并及时准确地接收到程度高/低的干预，问卷在事实陈述部分使用加粗、下划线、放大字体等方法以突出相关重要信息。

本次调查问卷由四部分构成。其中，第一部分介绍该调查问卷的出处和用途，以取得被试者的信任，确保调查实验干预的准确性。第二部分是幸福感测量。第三部分是基本资料，包括性别、年龄、教育程度、婚姻状况、健康状况、政治信任、社会资本特征等条目（具体问卷信息见附录）。第四部分是实验信息检验，用于验证受访者是否真正接收到了实验信息。题目中询问受访者问卷开头所描述的公共教育服务是"高均等化""低均等化"或"不知道"。具体情况如图 6-1 所示

问卷将直接从控制实验开始，再进行幸福感测量与个人基本资料的填写，目的是通过控制实验给予被调查者开放空间，快速进入情景，以避免个人信息调查带来启动效应。

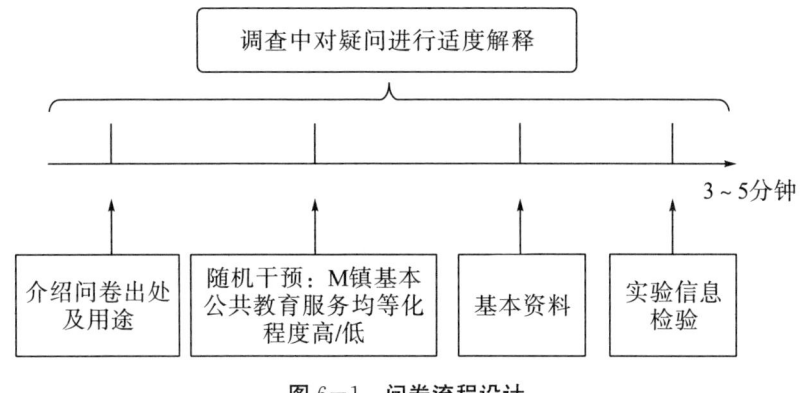

图 6-1 问卷流程设计

（一）实验流程

第一步，我们将向每位参与调查实验的被试者征求调查同意，并阐明调查

结果仅用于研究,且全场采用匿名形式。

第二步,根据本研究设计的单析因实验,随机选择参与者,并随机参与不同的情景干预,如图6-2所示。每个不同的情景对应不同版本的问卷调查,其中实验组1为高均等化情景干预,实验组2为低均等化情景干预。

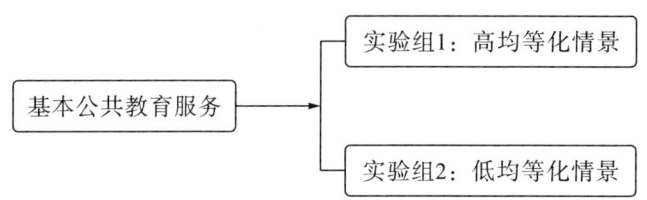

图6-2 调查实验设计

第三步,被试者完成问卷第二部分的填写。幸福感因变量测量,即对被试者的幸福感程度进行测量。

第四步,被试者完成问卷第三部分的填写。基本信息资料,主要涉及性别、年龄、受教育程度、婚姻状况、健康状况、政治信任、社会资本特征等变量的收集。

第五步,被试者完成问卷第四部分的填写。实验信息检验,即验证被试者是否真正接收到了实验信息。

(二)实验情景设置

实验情景根据不同类别的基本公共教育服务,设计出高均等化与低均等化的不同情景。设计原则主要通过场景化的文字描述,给予被试者开放空间。为避免不同叙事框架对调查结果产生影响,情景设计将采取相似的框架进行描述。

从供给侧出发,基本公共教育服务的衡量指标主要为九年义务教育巩固率、义务教育基本均衡的比例、普通小学/初中/高中一般公共预算教育事业费、小学/初中/高中师生比。见表6-4,调查实验根据这些指标撰写基本公共教育服务干预情景。

表 6-4 干预情景设置

实验组 1：高均等化情景	实验组 2：低均等化情景
近几年来，M 镇的经济得到了快速发展，当地政府开始关注到发展基本公共教育的重要性，并且投入**大量的**教育经费来提高该地区的九年义务教育水平。目前，M 镇的九年义务教育已实现了**大面积普及**，教师队伍越来越**强大**，通过互联网开展教育的方式被广泛使用，接受九年义务教育的乡村学生**明显增多**，九年义务教育巩固率得到**大幅提高**。同时，乡村学校的校园环境和教学质量得到**明显改善**	近年来，M 镇的规模不断扩大，人口数量快速增加，当地政府在基本公共教育发展的经费投入上面临巨大的财政压力。和其他村镇相比，M 镇的教育预算**有所缩减**。目前，M 镇的九年义务教育普及速度比较**慢**，教师队伍数量严重不足，并且教学质量**不高**，接受九年义务教育的乡村学生**越来越少**，九年义务教育巩固率**大大降低**。同时，乡村学校办学条件比较差，更多学生选择到其他乡镇上学

第三节　调查实验过程

调查实验于 2021 年 11 月 1 日到 2021 年 11 月 15 日之间进行，持续 15 天。值得注意的是，在调查实验开始前夕，为有效减轻义务教育阶段学生过重作业负担和校外培训负担，国家出台了"双减"政策，一时间全国对于基本公共教育服务均等化的关注大幅度提高，这可能会对之后的调查实验结果产生影响，在分析调查实验结果时应考虑该因素的影响。

实验均选取工作日的上午时段进行，在时间上尽量控制和保持内部被试者受到外界影响的程度。实验过程中，所有被试者将通过随机分组的方式被分配到高均等化组或低均等化组之中。笔者把所有高均等化组干预的问卷编号设置为单号，低均等化组的问卷编号设置成双号，按照单双号交替的方式，轮流将问卷发放给被试者。即每个被试均有二分之一的概率被分配到高均等化干预或低均等化干预中。实际上，本实验的抽样分布方法可以说是简化的随机分配。在本项实验中共有 285 个有效被试者。实验将 155 个被试者分配到高均等化的干预情景下，130 个被试者分配到低均等化的干预情景下。

实验过程中，被试者在填写问卷过程中向笔者提出疑问时，笔者会适当地给予被试者一些不影响实验干预强度的解释和说明，且尽量保持所有被试者从笔者口中所获得信息量一致，并将被试者在填写问卷过程中的情绪、被试者与笔者交谈内容记录在问卷上。每个被试者填写问卷时间控制在 3~5 分钟。

最后，对实验结果进行测量，使用描述分析、回归分析等统计方法对调查实验结果进行分析，验证研究假设。

第四节　本章小结

本章首先在系统介绍调查实验方法的基础上，根据研究目的明确采用调查实验的具体种类。其次，以既有研究成果为参照，提出研究假设，并从供给侧的角度出发，结合基本公共教育服务均等化的特征，对调查实验的问卷（包括具体干预情景设置和相关被试者基础信息）进行设计。最后，在明确实验目的，确定实验地点、实验对象、实验步骤的前提下，完成调查实验并对调查实验整个过程进行了详细说明。

第七章　实证分析和结果讨论

第一节　问卷基本情况

本研究基于进村入户调查，共发放 320 份调查实验问卷，整理回收问卷 320 份，回收率达 100.00%。通过对问卷的整理和有效性分析，删掉不符合调查实验对象要求的问卷 35 份，剩下有效问卷 285 份，其中高均等化组有效问卷为 155 份，低均等化组有效问卷为 130 份。本次农村居民基本公共教育服务及幸福感调查的整体问卷有效率达到 89.06%（见表 7-1）。

表 7-1　问卷回收统计情况

干预情景	发放问卷	回收问卷	有效率
高均等化	160	155	96.88%
低均等化	160	130	81.25%
合计	320	285	89.06%

一、被试者的结构特征

在对 285 份有效问卷进行录入统计，对所有被试者的数据进行描述统计和分析之后，归纳出以下七个方面结构特征。

（一）性别结构

统计结果显示，被试者的性别分布为：男性 176 人，占 61.75%；女性 109 人，占 38.25%（如图 7-1 所示）。

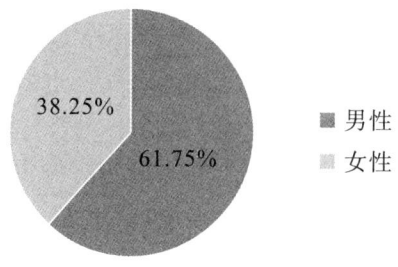

图 7-1 被试者性别分布

(二) 年龄结构

问卷中将年龄分布为 5 个年龄阶段。其中,30 岁及以下 28 人,占 9.83%;31~40 岁 48 人,占 16.84%;41~50 岁 78 人,占 27.37%;51~60 岁 85 人,占 29.82%;60 岁以上 46 人,占 16.14%(如图 7-2 所示)。

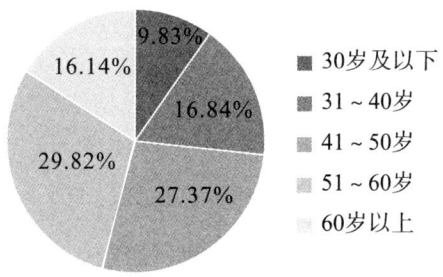

图 7-2 被试者年龄分布

(三) 受教育程度

统计结果显示,被试者的受教育程度分布如下:小学及以下 59 人,占 20.70%;初中 105 人,占 36.84%;高中/中专/技校/职高 69 人,占 24.21%;大专 43 人,占 15.09%;本科及以上 9 人,占 3.16%。

(四) 婚姻状况

统计结果显示,被试者的婚姻状况分布如下:未婚 16 人,占 5.61%;已婚 238 人,占 83.51%;同居 5 人,占 1.76%;离异 10 人,占 3.51%;丧偶 16 人,占 5.61%。

(五) 健康状况

统计结果显示,被试者的健康状况分布如下:很不健康 5 人,占 1.76%;

比较不健康 21 人，占 7.37%；一般健康 62 人，占 21.75%；比较健康 114 人，占 40.00%；很健康 83 人，占 29.12%。

（六）政治信任

统计结果显示，被试者的政治信任特征分布如下。对中央政府的信任特征分布为：很信任 220 人，占 77.19%；比较信任 57 人，占 20.00%；一般信任 8 人，占 2.81%。对乡镇政府信任特征分布为：很信任 200 人，占 70.18%；比较信任 71 人，占 24.91%；一般信任 13 人，占 4.56%；很不信任 1 人，占 0.35%。对"村两委"的信任特征分布为：很信任 205 人，占 71.93%；比较信任 71 人，占 24.91%；一般信任 9 人，占 3.16%。对法院的信任特征分布为：很信任 181 人，占 63.51%；比较信任 82 人，占 28.77%；一般信任 21 人，占 7.37%；不太信任 1 人，占 0.35%。对警察的信任特征分布为：很信任 194 人，占 68.07%；比较信任 66 人，占 23.16%；一般信任 25 人，占 8.77%。

（七）社会资本特征

统计结果显示被试者的社会资本特征分布如下。在人际信任维度，高人际信任 121 人，占 42.46%；低人际信任 164 人，占 57.54%。在社交参与维度，高社交参与 116 人，占 40.70%；低社交参与 169 人，占 59.30%。

总体上，有效被试者结构符合农村居民的人口结构特征。

二、协变量平衡检验

将高均等化干预和低均等化干预作为分类标准，对所有被试者的特征进行描述，检验协变量是否平衡。表 7-2 展示了所有被试者的情况，包括两种不同干预情境下所有被试者的性别、年龄、受教育程度、婚姻状况、健康状况、政治信任、社会资本特征。高均等化情境下的被试者共 155 个，低均等化情景下的被试者总数为 130 个。

按性别划分，被试者在高均等化干预下的女性数量为 58 人，男性数量为 97 人，分别占高均等化干预总数的 37.42% 和 62.58%；被试者在低均等化干预下的女性数量为 51 人，男性数量为 79 人，分别占低均等化干预总数的 39.23% 和 60.77%。

按各被试者年龄划分，受高均等化干预的被试者处于 30 岁及以下的数量为 15 人，31~40 岁 26 人，41~50 岁 44 人，51~60 岁 49 人，60 岁以上 21

人，分别占高均等化干预总数的 9.68%、16.77%、28.39%、31.61% 和 13.55%；受低均等化干预的被试处于 30 岁及以下的数量为 13 人，31～40 岁 22 人，41 岁～50 岁 34 人，51～60 岁 36 人，60 岁以上 25 人，分别占低均等化干预总数的 10.00%、16.92%、26.15%、27.70% 和 19.23%。

表 7-2 干预情境下被试者特征分布表

被试者特征	特征分类	高均等化干预		低均等化干预	
		数量	比例	数量	比例
性别	女	58	37.42%	51	39.23%
	男	97	62.58%	79	60.77%
年龄	30 岁及以下	15	9.68%	13	10.00%
	31～40 岁	26	16.77%	22	16.92%
	41～50 岁	44	28.39%	34	26.15%
	51～60 岁	49	31.61%	36	27.70%
	60 岁以上	21	13.55%	25	19.23%
受教育程度	小学及以下	35	22.58%	24	18.46%
	初中	58	37.42%	47	36.15%
	高中/中专/技校/职高	35	22.58%	34	26.15%
	大专	22	14.19%	21	16.15%
	本科及以上	5	3.23%	4	3.09%
婚姻状况	未婚	8	5.16%	8	6.15%
	已婚	130	83.87%	108	83.08%
	同居	2	1.29%	3	2.31%
	离异	6	3.87%	4	3.07%
	丧偶	9	5.81%	7	5.39%
健康状况	很不健康	3	1.94%	2	1.54%
	比较不健康	10	6.45%	11	8.46%
	一般健康	36	23.23%	26	20.00%
	比较健康	61	39.36%	50	38.46%
	很健康	45	29.02%	41	31.54%

续表7-2

被试者特征	特征分类		高均等化干预		低均等化干预	
			数量	比例	数量	比例
政治信任	中央政府政治信任	很信任	122	78.71%	98	75.38%
		比较信任	28	18.06%	29	22.31%
		一般信任	5	3.23%	3	2.31%
		不太信任	0	0.00%	0	0.00%
		很不信任	0	0.00%	0	0.00%
	乡镇政府政治信任	很信任	108	69.68%	92	70.77%
		比较信任	41	26.45%	30	23.08%
		一般信任	6	3.87%	7	5.38%
		不太信任	0	0.00%	0	0.00%
		很不信任	0	0.00%	1	0.77%
	"村两委"政治信任	很信任	110	70.97%	95	73.08%
		比较信任	40	25.80%	31	23.84%
		一般信任	5	3.23%	4	3.08%
		不太信任	0	0.00%	0	0.00%
		很不信任	0	0.00%	0	0.00%
	法院政治信任	很信任	98	63.23%	83	63.85%
		比较信任	45	29.03%	37	28.46%
		一般信任	12	7.74%	9	6.92%
		不太信任	0	0.00%	1	0.77%
		很不信任	0	0.00%	0	0.00%
	警察政治信任	很信任	106	68.39%	88	67.69%
		比较信任	35	22.58%	31	23.85%
		一般信任	14	9.03%	11	8.46%
		不太信任	0	0.00%	0	0.00%
		很不信任	0	0.00%	0	0.00%
社会资本特征	人际信任	高人际信任	65	41.94%	56	43.08%
		低人际信任	90	58.06%	74	56.92%
	社交参与	高社交参与	62	40.00%	54	41.54%
		低社交参与	93	60.00%	76	58.46%
总计			155	100.00%	130	100.00%

按各被试者的受教育程度分，受高均等化干预的被试者学历为小学及以下

的数量为35名，初中的数量为58名，高中/中专/技校/职高的数量为35名，大专的数量为22名，本科及以上的数量为5名，分别占高均等化干预总数的22.58%、37.42%、22.58%、14.19%和3.23%。受低均等化干预的被试者学历为小学及以下的数量为24名，初中的数量为47名，高中/中专/技校/职高的数量为34名，大专的数量为21名，本科及以上的数量为4名，分别占低均等化干预总数的18.46%、36.15%、26.15%、16.15%和3.09%。

按婚姻状况划分，在高均等化干预条件下，未婚数量为8名，已婚数量为130名，同居数量为2名，离异数量为6名，丧偶数量为9名，分别占高均等化干预总数的5.16%、83.87%、1.29%、3.87%和5.81%。在低均等化干预条件下，未婚数量为8名，已婚数量为108名，同居数量为3名，离异数量为4名，丧偶数量为7名，分别占低均等化干预总数的6.15%、83.08%、2.31%、3.07%和5.39%。

按健康状况划分，受高均等化干预的被试者，很不健康的数量为3人，比较不健康的数量为10人，一般健康的数量为36人，比较健康的数量为61人，很健康的数量为45人，分别占高均等化干预总数的1.94%、6.45%、23.23%、39.36%和29.02%。受低均等化干预的被试者，很不健康的数量为2人，比较不健康的数量为11人，一般健康的数量为26人，比较健康的数量为50人，很健康的数量为41人，分别占低均等化干预总数的1.54%、8.46%、20.00%、38.46%和31.54%。

按各被试者政治信任划分，就中央政府政治信任而言，在高均等化干预条件下，很信任的数量为122人，比较信任数量为28人，一般信任数量为5人，不太信任数量为0人，很不信任数量为0人，分别占高均等化干预总数的78.71%、18.06%、3.23%、0.00%、0.00%。在低均等化干预条件下，很信任的数量为98人，比较信任数量为29人，一般信任数量为3人，不太信任数量为0人，很不信任数量为0人，分别占低均等化干预总数的75.38%、22.31%、2.31%、0.00%、0.00%。就乡镇政府政治信任而言，在高均等化干预条件下，很信任的数量为108人，比较信任数量为41人，一般信任数量为6人，不太信任数量为0人，很不信任数量为0人，分别占高均等化干预总数的69.68%、26.45%、3.87%、0.00%、0.00%。在低均等化干预条件下，很信任的数量为92人，比较信任数量为30人，一般信任数量为7人，不太信任数量为0人，很不信任数量为1人，分别占低均等化干预总数的70.77%、23.08%、5.38%、0.00%、0.77%。

就"村两委"政治信任而言，在高均等化干预条件下，很信任的数量为

110人，比较信任数量为40人，一般信任数量为5人，不太信任数量为0人，很不信任数量为0人，分别占高均等化干预总数的70.97%、25.80%、3.23%、0.00%、0.00%。在低均等化干预条件下，很信任的数量为95人，比较信任数量为31人，一般信任数量为4人，不太信任数量为0人，很不信任数量为0人，分别占低均等化干预总数的73.08%、23.84%、3.08%、0.00%、0.00%。就法院政治信任而言，在高均等化干预条件下，很信任的数量为98人，比较信任数量为45人，一般信任数量为12人，不太信任数量为0人，很不信任数量为0人，分别占高均等化干预总数的63.23%、29.03%、7.74%、0.00%、0.00%。在低均等化干预条件下，很信任的数量为83人，比较信任数量为37人，一般信任数量为9人，不太信任数量为1人，很不信任数量为0人，分别占低均等化干预总数的63.85%、28.46%、6.92%、0.77%、0.00%。就警察政治信任而言，在高均等化干预条件下，很信任的数量为106人，比较信任数量为35人，一般信任数量为14人，不太信任数量为0人，很不信任数量为0人，分别占高均等化干预总数的68.39%、22.58%、9.03%、0.00%、0.00%。在低均等化干预条件下，很信任的数量为88人，比较信任数量为31人，一般信任数量为11人，不太信任数量为0人，很不信任数量为0人，分别占低均等化干预总数的67.69%、23.85%、8.46%、0.00%、0.00%。

按各被试者社会资本特征划分，就人际信任而言，在高均等化干预条件下，高人际信任的数量为65人，占高均等化干预总数的41.94%，低人际信任的数量为90人，占高均等化干预总数的58.06%。在低均等化干预条件下，高人际信任的数量为56人，占低均等化干预总数的43.08%，低人际信任的数量为74人，占低均等化干预总数的56.92%。就社交参与而言，在高均等化干预条件下，高社交参与的数量为62人，占高均等化干预总数的40.00%，低社交参与的数量为93人，占高均等化干预总数的60.00%。在低均等化干预条件下，高社交参与的数量为54人，占低均等化干预总数的41.54%，低社交参与的数量为76人，占低均等化干预总数的58.46%。

由以上描述分析可知，受高均等化干预的被试者人口特征与受低均等化干预的被试者人口特征相似。实验的随机分配建立起了具有相似背景特征的两个实验组，即高均等化干预组和低均等化干预组的协变量基本平衡。因此，随机化程序具有完整性和可靠性，为下面章节因果推论奠定了良好基础。

第二节　假设检验

一、多元线性回归模型分析

表7-3是不同基本公共教育服务均等化水平被试者的描述统计表，结果显示，高均等化干预下幸福感的评分均值（M=4.47）大于低均等化干预下幸福感的评分均值（M=4.26）。直观的均值数据展示出高均等化干预和低均等化干预对被试者的打分造成的差异，即高均等化干预下的被试者幸福感指数高于低均等化干预下的被试者幸福感指数。此外，高均等化干预下幸福感的标准差小于低均等化干预（0.71<0.79），表明高均等化组幸福感得分更加集中。

表7-3　不同被试类型的幸福感得分描述统计表

干预情景	M	SD
高均等化干预	4.47	0.71
低均等化干预	4.26	0.79

为了进一步控制各类相关因素的影响，得到更为稳健的实证证据并检验实验假设的真伪，研究进行了回归分析。以高（低）基本公共教育服务均等化作为自变量，被试者的幸福感打分情况作为因变量，性别、年龄、受教育程度、婚姻状况、健康状况、政治信任、社会资本特征作为协变量纳入回归模型中，期望通过增加控制变量，改善干预效应的估计精度，对比不同均等化干预下幸福感的评价情况，探讨基本公共教育服务的均等化水平在其中的作用。

表7-4提供了回归结果。其中，回归模型的常数项（回归方程的截距）是低均等化干预的均值，回归系数为高均等化干预的估计值，可以理解成高均等化干预和低均等化干预结果均值之差。

表7-4　线性回归分析结果

变量名称	M_1	M_2
干预信息 （0=低均等化干预，1=高均等化干预）	0.21* (0.09)	0.21* (0.10)
常量	4.26** (0.07)	3.15** (0.43)

续表7-4

变量名称	M_1	M_2
协变量		
性别		−0.03 (0.09)
年龄		0.02 (0.04)
受教育程度		−0.06 (0.05)
婚姻状况		0.05 (0.05)
健康状况		0.03 (0.05)
中央政府政治信任		−0.33 (0.12)**
乡镇政府政治信任		0.02 (0.10)
"村两委"政治信任		0.07 (0.13)
法院政治信任		0.18 (0.11)
警察政治信任		0.18 (0.12)
人际信任		0.07 (0.02)**
社交参与		−0.003 (0.01)
R^2	0.14	0.43
$\triangle R^2$	0.02	0.19
F	5.53	4.64

注：(1) 表中各方程模型中的数字均为非标准化回归系数，括号内为标准误。

(2) ** 表示显著性水平 P 小于1％，* 表示显著性水平小于5％。

(3) 年龄、受教育程度等均设置成虚拟变量进行回归。

二、对假设检验 H 的分析及讨论

所有回归模型都证明了基本公共教育服务均等化水平会影响农村居民的幸福感。模型 M_1 展示了没有加入任何协变量的回归结果，模型 M_2 展示了加入所有协变量后的回归结果。两个回归模型都证明了基本公共教育服务均等化水平显著影响农村居民幸福感（$P_2 < P_1 < 0.05$）。

由此可以说明，对基本公共教育服务均等化程度的不同描述，造成了所有被试者给出的不同幸福感指数。高均等化干预下的被试者评价与低均等化干预下的被试者评价存在显著差异，接受基本公共教育服务高均等化干预的被试者的幸福感指数更高，而接受基本公共教育服务低均等化干预的被试者的幸福感指数则更低。

实验结果表明，基本公共教育服务均等化程度作为基本公共教育服务核心的评价指标之一，与农村居民的幸福感程度息息相关。基本公共教育服务高均等化会带给幸福感正面的影响，让农村居民有较高的幸福感；相反，基本公共教育服务低均等化会给幸福感带来负面的影响，造成农村居民在评价幸福感时相对负面，幸福感指数相对较低。

实验假设得到实验数据的支持，公众对基本公共教育服务均等化程度的差异性反应表明，农村居民的幸福感指数受到基本公共教育服务均等化程度影响，实验假设成立。

第三节　研究结论、理论意义和实践启示

一、研究结论

本书将过去、现在和未来三种研究视角融合，从乡村振兴战略全面实施和基本公共教育服务均等化的时代背景出发，坚持定性研究和实证分析有机结合，重点探究和论证基本公共教育服务均等化与农村居民幸福感的关系。

首先，通过对基本公共教育服务均等化以及幸福感的文献进行系统研究，全面回溯了我国基本公共教育服务的发展演变历程，寻找到基本公共教育服务均等化和幸福感之间的理论联系和支撑。依据文献研究和政策梳理，本书分析出了基本公共教育服务均等化对幸福感提升产生作用的可能性，并提出了假设：农村居民幸福感与基本公共教育服务均等化程度呈正相关，并且存在某种内在作用机制。

其次，在提出研究假设的基础上，本书通过使用调查实验的方法，将基本公共教育服务均等化程度作为实验干预的主要内容。实验对象聚焦农村居民，设置基本公共教育服务高均等化和低均等化两种干预情景，并对其他外在因素进行了控制和标准化，将被试者分为两类，分别在两种情景中接受实验干预，所有被试者在干预结束后被要求对个人幸福感进行打分。

最后，实验干预结束以后，通过对实验结果的整理与分析，最终证明研究假设 H 的正确性，从而论证基本公共教育服务均等化对农村居民幸福感的影响，为实现乡村振兴，提升农村居民获得感、幸福感提供政策制定依据。

在综合使用文献研究、政策文本分析、案例研究等方法的基础上，依托问

卷调查和深入访谈收集数据资料，为开展实证研究提供有效资料。在严格控制实验外在因素和其他变量影响的前提下，通过使用回归模型开展实证分析，对研究假设进行验证，本书研究结果发现：基本公共教育服务的均等化水平对农村居民幸福感产生了实质性影响——高均等化的基本公共教育服务对应农村居民更高的幸福感；反之，低均等化的基本公共教育服务对应农村居民更低的幸福感。同时，当将其他潜在变量纳入回归模型中，本书还发现农村居民对中央政府的政治信任程度，以及对邻居、亲戚和朋友的信任程度会对其幸福感产生明显影响。换句话而言，在乡村振兴战略全面实施的背景下，提升农村居民幸福感，需要加强服务型政府建设，着力推进农村基础教育和义务教育发展，缩小城乡教育资源的分布差异。

二、理论意义

自西方积极心理学诞生以来，幸福感的研究从心理学不断拓展到经济学、社会学、政治学和管理学等领域，成为人文社会科学关注的重要命题，并且在社会实践中也引起了党和国家的重视。党的十八大以来，我国政府将民生保障放在重点工作的核心位置。推进基本公共服务均等化水平，着力提高人民群众的安全感、幸福感和获得感，成为经济社会高质量发展应有之义。随着现代社会经济水平不断提升，影响幸福感的因素日趋复杂，其作用机制也日益多元。在我国全面建成小康社会以后，乡村振兴成为各种公共政策集中倾斜的重点领域，进一步厘清基本公共教育服务均等化与农村居民幸福感的关系，有助于实现精准脱贫和乡村振兴政策有效衔接，为提高政策精准性提供理论依据。

在以往的研究中，国内外学者主要从人口学资料、五大人格、基因和遗传、经济收入水平、跨文化背景、人际交往、社会支持等方面探究幸福感的影响因素，主要探究心理因素、文化因素、经济因素、社会因素、社会保障等要素在提升社会群体幸福感中所发挥的功能。在基本公共服务视域，探究公共服务均等化水平与幸福感提升关系的研究较少，更少有学者将研究对象聚焦农村居民，深入挖掘影响这一特殊群体幸福感的关键因素。对于我国而言，巩固脱贫攻坚伟大成果，补齐农村产业和基本公共服务发展短板，建设社会主义现代化农村，提升新时代农民的幸福感是值得研究的重大议题。

本书立足中国特色社会主义建设新时代的宏大背景，紧跟乡村振兴战略实施的现实条件和客观需要，聚焦基本公共服务中深受农村居民重视的基本公共教育服务。基于实验干预和实施，本书探讨了基本公共教育服务均等化水平与农村居民幸福感的内在关联，并试图寻找出推进基本公共教育服务均等化，缩小城乡基础教育和义务教育发展差距,对农村居民幸福感产生作用的机理机制。实证研究的结果显示,基本公共教育服务均等化水平对农村居民幸福感有正面效应。换句话而言,基本公共教育服务作为一种具有非排他性和一定竞争性的公共产品,提高其均等化程度会显著增强农村居民幸福感。

"百年大计,教育为本",教育是国家发展和中华民族伟大复兴的根基。新中国成立以来,实现教育现代化就被纳入了我国"四个现代化"范畴,教育事业发展始终被摆在政府工作的核心位置。改革开放四十多年来,我国着力发展"面向世界、面向未来、面向现代化"的教育,大力发展基础教育和普及义务教育,在扫除文盲、提高国民文化素质方面取得了历史性成就。然而,受国家发展布局和城乡二元化影响,我国现阶段教育发展不均衡现象普遍存在,区域之间、城乡之间、校与校之间教育资源配置不均衡问题较为突出,在一定程度上制约了农村跨越式发展的动力源。本书的研究结果充分表明,教育在打破城乡发展分割,帮助农村居民及其子女长远发展的功效。推进基本公共教育服务均等化,能够赋予农村居民及其子女更多发展机会,助力其全面融入社会主义建设新征程。

基本公共教育服务均等化,作为促进农村居民幸福感提升的重要举措,其因果机制可通过实验方法进行探索。同时,本研究的结果也表明,对中央政府的政治信任,对邻居、亲戚、朋友的信任程度也会对幸福感提升产生影响。由此可推理出,树立良好的政府形象,增强中央政府权威,培育人际信任网络,对于提升社会底层群体幸福感的重要性。

三、实践启示

就基本公共教育服务均等化来说,基本公共教育服务均等化对农村居民幸福感的作用给予了我们重要的提醒。"双减"政策的出台所引发的激烈讨论,一定程度上反映出公众对于教育公平的敏锐感知和热烈关注。基本公共教育服务均等化作为面向教育现代化重点部署的十大战略任务之一,是体现教育公平、保障机会公平、实现社会公平正义的题中之义,一直以来都受到公众的广泛关注。

基本公共教育服务均等化对农村居民幸福感的显著作用,提醒我们基本公共教育服务供给最"患不均",均等化程度对农村人群幸福感具有不可忽视的影响。

首先,我们应强化中央和省级政府在基本公共教育服务方面的责任。对基本公共教育服务供给进行统筹管理,将农村的基本公共教育服务均等化程度作为县级政府工作评价的重要指标。建立一致的标准体系来评价基本公共教育服务的均等化水平，对农村基本公共服务均等化水平进行动态监测，以最大限度地提升基本公共教育服务的均等化程度。

其次，强化对基本公共教育服务落后地区的供给。2013年以来，我国的精准扶贫工作取得了历史性成就，这一定程度上得益于各级政府都建立了深入基层一线调研走访、明确责任到具体个人的工作机制。因此，本研究认为，基本公共教育服务供给可以充分借鉴精准扶贫工作的经验，积极推进基层的调研工作，强化对农村家庭子女的精准帮扶，健全对农村家庭学生的资助体系，确保农村居民对基本公共教育服务的诸多诉求能够顺畅表达及及时回应，推进教育精准脱贫。同时，加大对基本公共教育服务均等化落后地区的财政投入力度，完善经费标准动态调整机制。加大对农村公共教育基础设施建设的投入，健全学校标准化建设长效机制，进一步优化农村地区学校布局。大力推动信息技术在教育教学中的应用，加快教育数字化转型。加大公共教育服务落后地区教师定向培养和精准培训力度，积极引导教育人才向农村、向基层一线流动，全面提升农村公共教育服务的硬实力和软实力。

最后，持续推进城乡教育的一体化、均衡化发展。一方面，通过大力推广教育集团化，探索强校带弱校、名校托新校等模式，加强城乡之间教育教学活动的互动和合作，有效促进城乡教育资源共建共享，持续推进城市优质教育资源向乡村辐射。另一方面，对区域内学龄人口进行动态测算，统筹配置城镇教育资源。有序扩大城镇学位供给，推进农村进城务工人员随迁子女义务教育入学待遇同城化，完善农村居民流动人口子女异地升学考试制度，大力保障农村居民子女在城镇就学的机会公平。

我国作为一个农业大国，农业在推动国家经济发展、工业转型升级中发挥了举世瞩目的作用。一直以来，党中央和国务院将"三农"问题写入中央1号文件，作为国家和各地重点解决的议题。农业税免除、社会主义新农村建设、精准脱贫等系列政策实施，表明了党中央对农村发展、农业现代化和农民增收的重视。中国特色社会主义建设进入新时代，乡村振兴战略的全面实施，标志着农村成为我国经济社会高质量发展的主战场之一，农村居民对美好生活需要成为我们持续奋斗的目标。

本书聚焦农村居民幸福感，探索通过提高基本公共教育服务均等化来提升其幸福感的道路，契合了乡村振兴战略全面实施的战略需求和基本要求，具有理论和实践层面的双重突出价值。总体而言，本书为更加精准把握农村居民幸福感的内涵和特征，深挖影响其幸福感的多元要素，创新农村居民幸福感提升途径提供了理论支持。同时,将基本公共教育服务与农村居民幸福感放在同一维度分析,也为研究农村其他公共服务与农村群体幸福感关联提供了思路。

第一,要正确理解幸福感的内核和特征。幸福感是从心理学逐渐生成的概念,总体上可划分为主观幸福感、心理幸福感、社会幸福感等类型,每种幸福感有其独特的属性和特征。尽管心理学、社会学、经济学等众多学科对幸福感进行了长期研究和追踪,但是幸福感在不同文化场域、社会背景下的内涵会有所差异,并且极易受到个体主观能动性和认知水平的影响。因此,在研究农村居民幸福感时,需要以剖析幸福感内涵作为出发点,构建出适应中国文化的幸福感衡量指标体系,并且在借鉴西方评测量表的基础上实现本土式农村居民幸福感量表的开发。此外,在推进乡村振兴过程中,各级政府也需深入理解农村群体幸福感的内涵,提炼出这一人群区别于城市居民、青年大学生等群体幸福感的特殊性。兼顾特殊性和普遍性,提升农村公共服务、产业发展、社会保障等政策的精准性和有效性。

第二,提升农村居民幸福感的路径和方式。需要特别强调的是,在乡村振兴深入推进的宏观背景下,农村发展模式探索和"三农"问题必将上升为研究热点,农村群体幸福感也将会逐渐成为政府及学界的关注焦点。通过实验研究,本书发现了基本公共教育服务均等化对农村居民幸福感的正面效应,基本公共教育服务高均等化的农村,其村民也可能获得更高幸福感。该结果启示我们,国家进入新发展阶段,要将城市和农村放在同等地位,重点推进城乡基本公共服务均等化,全面改善农村基本公共教育服务水平,着力缩小城乡教育发展差距,为农村弱势群体赋予更加优质的教育资源和同等发展机会。同时,党中央和国务院对农村的重视也意味着一系列公共政策不断向农村倾斜,大量优质资源不断投入农村,进而使农村弱势群体感受到关怀,提高幸福感。

第四节 本章小结

社会主义建设进入高质量发展新阶段,人民群众对美好生活的需求更加强烈,发展好民生保障事业,着力提高基本公共服务均等化水平,是实现社会主义现代化的核心任务。尽管城乡发展差距有逐渐拉大趋势,但随着乡村振兴战略的深入实施,农村在国家战略布局中的位势不断突显,城乡一体化发展格局将会加速形成。随着乡村迎来借力赶超和全面腾飞的历史机遇期,如何使农村居民获得公平的受教育机会和同等发展资源,打破陷入"因病致贫""因病返贫"等怪圈，进而提升幸福感，是值得进行系统思考的命题。

从目前学术研究和实践发展来看，基本公共教育服务均等化得到了政府和学界的重视，理论研究和实践操作的成果较为丰富，研究视野、研究方法不断扩展和创新，价值理性和工具理性获得了统一。然而，农村居民幸福感在现阶段受到的关注还较少，将基本公共教育服务均等化与该群体幸福感联系起来的研究相对不足。为了探究农村居民幸福感提升的路径，本书创新性引入了基本公共教育服务这一重要元素，试图通过实证分析二者之间的关系，为促进农村居民幸福感提升提供理论依据。本书使用调查实验的方法，将农村居民作为实验对象，随机分入基本公共教育服务高均等化和低均等化两种干预情景，以此论证基本公共教育服务均等化水平与幸福感的因果关系。实验结果表明，第一，基本公共教育服务均等化水平与农村居民幸福感呈现出正向效应，高均等化组的群体幸福感更高，低均等化组群体幸福感更低。第二，农村居民对中央政府的政治信任程度，对邻居、亲戚、朋友等信任程度，也会对其幸福感产生明显影响。

从整个研究过程来看，本书还存在一些缺陷和不足，未来需要进一步完善，拓展研究的深度。首先，在实验中为了抵抗外界的干扰使用了"M镇"的虚拟概念，但虚拟概念的存在可能导致被试者在受干预过程中的困惑及不明确。其次，本书使用了调查实验的研究方法，通过随机分配来进行对被试者的干预，但实验研究的可推广性和普遍性在一定程度上有所限制。最后，在考察基本公共教育服务均等化和农村居民幸福感的关系时，本书未将大五人格纳入实证分析过程，未来还需在这方面开展进一步研究。

第八章　提升农村居民幸福感的政策建议

第一节　发挥教育规划引领作用，夯实幸福感制度基础

一、以幸福感提升为导向，明确规划基本原则

从基本公共教育服务均等化视角出发，提升农村居民幸福感的首要举措在于做好顶层设计，夯实幸福感提升的制度基础，以教育规划引领城乡基本公共教育服务均等化发展。均等化的实现需要一个过程，因此需要提前做好科学规划。规划设计必须重点关注农村地区教育发展，重点改善收入较低居民所享有的基本公共教育服务项目。特别是要紧密结合乡村教育事业振兴方向，巩固教育扶贫的基本成果，进一步提高农村地区教育质量，缩小城乡之间的教育差距。只有进一步完善规划的总体编制，打好城乡教育均等化发展的基础，才能有针对性地提升农村居民的幸福感。总体而言，规划编制需要注重以下几项基本原则。

（一）以人为本，注重发展

基本公共教育服务与人的身心成长密切相关，旨在促进人的全面发展。编制基本公共教育服务均等化规划，必须重点考虑城乡居民接受教育的权利保障，坚持以人为本、尊重人的成长成才与发展规律，为其提供适应个人发展需要的教育资源与服务，特别要保障农村居民的受教育机会。要充分考虑农村居民的就学需求，通过实地调研掌握农村居民中适龄学生的身心特点，重视身体素质教育与心理健康教育相结合，确保其在德智体美劳等多个方面得到均衡发展，向其提供充分培育和展示个人才能的良好条件。

第八章 提升农村居民幸福感的政策建议

(二) 公平优先,提高效率

基本公共教育服务重在确保教育公平,并提高教育资源的配置效率。编制基本公共教育服务均等化规划,必须坚持公平优先、注重效率,既要统筹利用城乡教育资源,实现人人参与、人人共享的基本目标,又要结合实际发展需要配置教育资源,确保其向城乡发展的薄弱环节精准输送。一方面,要坚持城乡统筹、资源共享,在教育经费使用上做到城乡统一分配,在教育资源投入上做到城乡同步补充。另一方面,要坚持因地制宜、精准定位,优先面向教育薄弱地区开展校舍建设、师资配备与器材供给,优先保障农村地区教育资源输送,加快补足农村教育短板。

(三) 坚持共性,突出个性

基本公共教育服务在不同区域、城乡之间的发展状况既存在共性,也存在差异。编制基本公共教育服务均等化规划,必须明确共性问题的解决方案,把握中长期发展方向,统一城乡教育发展要求。要全面贯彻党的教育方针,积极开展素质教育,强化省级政府统筹,构建城乡教育均衡发展的体制机制,实现办学水平与教学质量的全面提升。严格按照城乡统一标准,对学校课程设置、教学体系、师资建设、班级结构等内容进行统一规划。同时,由于各地发展情况存在差异,要避免规划的"一刀切",需结合各地经济发展状况和突出矛盾,提高教育服务的供给精确性,力求分阶段、分地区稳步推进。

二、以农村居民需求为指引,科学制定规划内容

(一) 调整优化城乡学校布局规划

学校的空间布局是基本公共教育资源配置最为直观的体现,城乡之间的学校布局设点是否合理将直接影响基本公共教育服务的均等化。当前,新型城镇化导致城乡人口快速流动,精准扶贫中的异地搬迁也造成了乡村人口的布局变化,进而造成学校现有布局与人口分布之间的差异和矛盾。不同区域的人口密度不同,所产生的就学需求也不同,若学校分布不合理则会导致资源分配的失衡,并影响就学群体的基本公共教育服务的可及性。为此,必须提出与城乡发展总体规划和人口布局相适应的学校布局规划,在掌握城乡人口空间布局、学龄人口规模和地理区划现状等背景的基础上,合理研判各区域学校布局密度以便科学有效地设置学校数量与规

模，选取适宜辐射范围的地理位置进行设点，实现对各区域特别是农村地区学龄人口的充分覆盖。

(二) 系统制定城乡基本教育服务财政资金规划

财政投入是确保教育事业发展的物质基础，经费拨付是否充足、资金使用是否到位是影响基本公共教育服务均等化的重要因素。立足城乡基本公共教育服务的均等化，必须确保财政投入适应城乡地区教育发展需要，实现教育经费与经济社会发展同步增长。为此，必须重视保障城乡基本公共教育服务财政投入，提前做好预算编制。要更加重视学校基础条件的改善，做好义务教育办学资金安排，确保学校教学环境改造与教学设备购买资金得到足额拨付。要更加关注农村居民的就学需求，充分考虑其学费与生活费用负担，安排针对农村居民的专项教育经费，用于发放奖学金、助学金和助学贷款等资助项目。同时，要明确中央与地方财政支付责任，加大向农村及偏远地区的转移支付力度。在城乡之间确立"以市为主、分级承担"的教育经费分担原则，充分发挥市财政的兜底保障功能。

(三) 统筹做好师资队伍建设规划

教师是教育事业发展的重要参与主体，建设一支总量充足、素质优良的师资队伍是实现基本公共教育服务均等化的重要保障。当前，基层的教师队伍面临总量不足、分布不均和专业化程度不高的现实难题，需要提前做好师资力量的储备工作。为此，需要首先通过调查了解现有城乡地区特别是基层乡镇的教师队伍情况，包括教师人数总量、年龄与学历结构、区域分布等，准确识别各地城乡教师队伍建设的短板与不足。在此基础上，一方面确定基层师范生紧缺专业，完善优秀师范大学毕业生招聘计划，尽快引进和培养一批紧缺学科专业方向的优秀青年教师；另一方面明确现有师资教学技能提升方向，制定针对性较强的知识更新与技能培训计划，进一步提升现有师资队伍的人力资本存量。同时，积极探索区域和城乡之间的教师交流合作机制，引导部分优质教师资源向基层下沉。

第八章　提升农村居民幸福感的政策建议

第二节　发挥体系资源配置作用，奠定幸福感物质基础

一、以实现教育公平为导向，明确体系建设要求

建设高质量、高标准的基本公共服务体系是推进城乡基本公共服务均等化的核心工程，将显著改变城乡居民所获取的基本公共服务资源，增强其自主发展的信心，有效提升其幸福感。对于农村居民而言，其内生发展动力与能力相对不足，对基本公共服务的需求更大，受基本公共服务体系建设的影响也就更大。因此，必须聚焦基本公共教育服务体系建设，拓展基本公共教育服务的广度与深度，丰富其子女所获得的教育资源，进而提升其主观幸福感。要继续深化教育供给侧结构改革，结合国家基本公共教育服务标准，着力构建优质均衡的基本公共教育服务体系。特别要按照城乡统一的标准构建基本公共教育服务体系，缩小城乡之间的基本公共教育服务差距，实现城乡基本公共教育服务在设施设备、师资队伍和经费投入等方面的均衡配置。总体而言，均等化视角下建设基本公共教育体系应注重以下要求。

（一）要坚持缩小差距，确保质量

由于各地经济发展水平仍然存在较大差异，因此不同区域、城乡之间的学校实力也存在较大差异。一方面是学校数量存在不同，城镇相对于农村拥有更多优质的办学资源，创办或吸引了更多学校落地；另一方面是教学质量也存在不同，城镇学校的师资力量与办学环境更好，能提供更加优质的教育服务。当前，城乡教育在诸多方面仍然存在差距，推进基本公共教育体系建设必须从短板和弱项开始，重点确保农村地区教育质量，缩小城乡教育资源的数量与质量差距。

（二）要坚持统一标准，提高能力

标准化是均等化的前提和基础，必须明确城乡基本公共教育服务体系建设的统一要求，实现办学基础设施、经费投入与使用、师资配置与素质等方面的标准化。特别是要围绕基层办学在人力、物力和财力方面的困境，统一城乡教师编制标准、城乡教育基础设施建设标准和城乡生均教育经费标准，切实提升基层办学能力，夯实农村基本公共教育服务基础。

(三) 要坚持区域协同，均衡发展

按照初步均衡、基本均衡与优质均衡等不同发展阶段的特点，依次推进县域、市域、省域和区域内的基本公共教育服务均等化。要充分整合各区域内部的优质教育资源，充分发挥高层次学校辐射带动作用，完善城乡教师和校长轮岗交流机制，继续深化落实"县管校聘"改革，加强学校结对帮扶，促进城乡区域之间各类学校均衡发展，确保基本公共教育服务在不同区域和不同群体之间保持一致。

二、以满足教育期望为指引，分类推进教育体系建设

(一) 加快城乡普惠性学前教育发展

以乡村振兴战略为依托，充分考虑城镇化与人口变化趋势，结合区县人口密度情况合理规划幼儿园总体布局，提前做好普惠性幼儿园建设规划，明确选址范围与建设规模，保障土地和资金供应，切实回应学前教育需求。借助乡镇大型公办幼儿园的力量，建设一批村属分园，结合人口流动实际情况开设流动幼儿园或季节班等。统筹各方办学资源，充分利用乡镇企业空置库房、中小学闲置空地和基础公共设施等土地空间，支持部分有办学实力的企事业单位、中小学和高等学校举办幼儿园，并面向社会群体提供普惠性服务。对于农村居民，可依托希望小学等开设专园专班，完善经济收入相对较低家庭学前教育资助政策。支持和规范社会力量创办幼儿园，引进和培育一批优秀幼师队伍，并对提供普惠性服务的民办幼儿园给予资金扶持，加强对其办学质量的监管力度。

(二) 巩固义务教育均衡优质发展

加强财政资金转移支付，持续改善乡村地区与偏远山区等地义务教育办学条件，配齐优质教学器具与实验器材，开展师生食堂和宿舍等生活设施标准化改造，深入推进其信息化基础设施建设，实现网络优质教育教学资源的实时共享。充分发挥城镇优质学校的辐射作用，探索建立区域和城乡学校联盟，继续实施学校对口帮扶，充分运用多媒体技术开发和输送一批线上线下的优质课程资源，创新联合办学与同步教学模式，增强学校之间的教学交流互动。继续推行城乡统一的中小学教师编制标准，并适当向农村倾斜，注重各学科教师的均衡配置。加强基层教师队伍建设，强化乡村教师工资待遇和生活保障，吸引一

批优秀高校毕业生与志愿者到农村学校任教。探索建立县域内公办学校校长与教师交流制度,制订基层教师交流计划,实现乡村中小学师资动态配置。完善城乡学生学籍管理与学区划分方式,切实解决学生择校难题。

(三)推进高中阶段教育发展

适应国家建设教育强国与人才强国的现实需要,深入推进高中阶段教育普及化和均衡化发展,统筹发展普通高中教育与中等职业教育。一方面继续推进普通高中教育,巩固义务教育成果。针对人口变动实际情况与趋势调整普通高中建设规划,适时新建或扩建普通高中学校。完善多元经费投入机制,在确保生均财政拨款的同时,积极吸纳企业和社会捐助资金。完善农村学生高中阶段教育资助政策,鼓励企事业单位或个人设立奖助学金。另一方面大力发展中等职业教育,培养高技能人才。支持各类办学主体投资创办民办职业教育,充分整合校内校外资源,深入推进职业教育产教融合工程,引导城镇职业学校与企业建立合作关系,实现课程教学与专业设置的衔接,共建技能实训基地。

第三节 发挥制度权利保障作用,强化幸福感支撑基础

一、以全民共享为准则,厘清权利保障目标

教育权是人的发展权的重要一环。保障公民教育权利,既是积极践行以人民为中心发展思想的体现,也是促进人的全面发展的重要前提。教育公平则是公共教育政策最根本的出发点与落脚点,是社会公平的起点。接受基本公共教育服务是全体公民的一项基本权利,平等享有这项权利则是教育公平的体现。基本公共教育服务均等化首先表现为接受教育的机会均等,即各类群体的就学需求均能够得到满足与保障。加强教育权利保障的根本目的就在于构建和谐有序的城乡基本公共教育服务格局,提高农村居民对教育公平的感知和体验,从而提升其主观幸福感。这就要求处理好不同群体之间的关系,持续提高学前教育、义务教育和高中阶段教育入学率,不断解决限制城乡居民享受同等教育资源的现实难题。总体来看,基本公共教育服务的权利保障具备两大基本目标。

(一)确保人人共享基本公共教育服务

按照"学有所教"的总体要求,合理配置教育资源,梳理基本公共教育服

务清单，进一步丰富基本公共教育服务供给，确保公民不因个人家庭原因或外在制度约束而无法接受教育。推动教育普惠性发展，实现城乡基本公共教育服务覆盖全体学龄人口，切实解决"上学难"问题。要特别注重保障农村收入相对不高家庭等困难群体的教育权利，进一步健全家庭经济困难学生资助体系，免除其学杂费，完善困难家庭入学制度，保障其平等接受教育，筑牢教育公平底线。

（二）确保人人享有教育发展成果

按照全面深化改革的基本要求，推动教育高质量发展，坚持教育优先发展，加大教育投入力度，持续提高教育质量，补齐教育发展短板，加快推进教育现代化，使教育发展成果更多更好惠及全体学生。要切实执行国家相关教育政策，明确待遇享受条件，简化相关申请流程，加快建立线上信息库，为资格认证提供条件。持续改善城乡特别是农村地区办学条件，实施城乡统一的教育基础设施建设标准，推进教育信息化建设，扩大农村中小学互联网覆盖范围。

二、以精准施策为目标，构筑权利保障体制机制

（一）完善随迁子女入学保障

为充分适应城乡人口流动需求，要继续做好城乡户籍制度改革，切实强化随迁子女就学保障。要统一城乡户口登记制度，逐步实施与居住证制度相适应的随迁子女入学政策，精简入学流程与证明材料，为随迁子女入学提供便捷服务。完善学生学籍信息管理，及时更新随迁子女就学信息，掌握其家庭情况与就学需求，适度减免其学杂费，合理安排其就近入学。利用信息化手段统筹城乡教育资源，提前做好招生信息发布，降低随迁子女入学门槛，实现随迁子女入学网上申请、及时办结，提高申请办结效率。建立随迁子女家庭追访机制，通过定期家访掌握其基本情况，切实解决其面临的就学难题。

（二）建立健全控辍保学机制

按照国务院统一安排部署，深入落实城乡政府及教育主管部门、村委会和居委会、学校及监护人责任，建立控辍保学目标责任制和联控联保机制。政府及教育主管部门要加大对困难学生的社会救助和教育资助力度，切实掌握其思想动态与家庭基本情况，密切关注农村收入较低者和留守儿童等重点群体的状

况。村委会和居委会要协助政府做好就学困难家庭的信息收集工作,向其宣传相关资助政策,保障其政策知情权与待遇享受权。城乡中小学应严格执行辍学学生劝返、登记和报告制度,及时将辍学学生情况与辍学原因报告政府与教育主管部门,积极与学生及其家长进行沟通。针对农村居民子女就学面临的实际困难,通过就近入学、提供校车服务、增设学生宿舍等方式,减轻其就学压力,切实降低辍学率。

(三)完善教育权利救济机制

县和乡镇人民政府与教育部门应严格执行《义务教育法》《未成年人保护法》等法律相关规定,并结合地方实际情况出台相关实施细则与规章制度,调整现有规定中与上位法冲突的部分,推动法律规定落到实处。要赋予受教育主体诉讼权利,打通教育权的行政救济与司法救济途径。一方面加强行政救济,完善教育申诉制度,由教育行政部门依法处理侵害教育权的行为,对侵害主体做出行政处罚。另一方面注重司法救济,探索设立专门的教育法庭,允许教育权受到侵害的公民个人提起行政诉讼,同时适当赋予其监护人、学校和相关利益群体提起公益诉讼的权利,保障公民个人的待遇给付权与义务教育权。

第四节 发挥教育模式育人作用,丰富幸福感现实体验

一、以人的全面发展为依据,明晰教育的功能定位

习近平总书记指出,"我们要积极发展教育事业,通过普及教育,启迪心智,传承知识,陶冶情操,使人们在持续的格物致知中更好认识各种文明的价值,让教育为文明传承和创造服务。"① 教育的价值不仅体现为推动文明的传承,也表现为促进个体心智的健康发展。因此,实现教育模式的优化升级有助于改善主观幸福感的现实体验。不同时代对教育的定位不同,教育也发挥着不同的作用,相应的教育理念也在发生变化。作为一种上层建筑,教育变革与经济社会的发展密不可分,随着社会的进步与观念的更新,教育的开展也必须适应新时代国家发展战略的基本要求,不断发展完善新的教育功能,以便为国家

---

① 习近平在联合国教科文组织总部的演讲[N]. 人民日报,2014-03-28(2).

和社会输送大批急缺的人才。传统的教育模式属于单方传授模式，以促进知识传承和经验积累为目的，旨在培养学生的知识掌握与运用能力。而现代教育模式属于教学互动模式，以促进人的全面发展为目的，旨在锻炼学生的学习思维与方法意识。

无论是从国家发展还是从个人成长来看，实施以素质教育为核心的现代教育模式都已成为教育发展的主流。立足国家层面，需要通过开展素质教育培养一批复合型人才，夯实社会主义现代化建设的基础，提高劳动力综合素质；立足个人层面，需要通过实施德智体美劳全面教育促进人的成长成才，提升智力思维、社会情商与实践能力。而素质教育的全面实施本身对提高教育质量、改善教育事业同样具有重要意义，特别是在乡村地区开展素质教育，能够为知识与能力较为薄弱的学生提供认识自我、提升自我的良好条件，改变其对农村教育现状的认识和评价，进而巩固和提升其主观幸福感。

二、以丰富教育体验为目标，着力优化教育模式

（一）树立科学的教育质量观，全面实施素质教育

《中华人民共和国国民经济和社会发展第十四个五年规划和2035年远景目标纲要》指出，要"全面贯彻党的教育方针，坚持优先发展教育事业，坚持立德树人，增强学生文明素养、社会责任意识、实践本领，培养德智体美劳全面发展的社会主义建设者和接班人"[①]。素质教育的开展意味着对学生进行全面培养，破除传统应试教育的"唯成绩"论，提升学生的道德素养与科学素养，增强学生的智力与体力。为此，首先应加强对学生的思想政治引领，引导学生树立正确的世界观、人生观和价值观，深入开展爱国主义教育，用社会主义核心价值观凝聚共识。其次，要注重对学生思维和动手能力的培养，引导学生在实践中学习与思考，将课本所学与现实问题相互结合，提升批判性思维能力。

（二）坚持优化课堂教学生态，逐步推广"小班化"教学

通过合理设置班级人数，开展小班教育有助于改善课堂教学环境，加强教学互动交流，提升教学效果。面向农村地区，积极探索和推广小班教学对实现

---

① 新华网.（两会受权发布）中华人民共和国国民经济和社会发展第十四个五年规划和2035年远景目标纲要［EB/OL］.（2021-3-13）(2021-10-12). http://www.xinhuanet.com/2021/03/13/c_1127205564_14.html.

基本公共教育服务均等化具有重要意义，能够确保每位农村学生享受更加充足的课堂学习机会。为此，应当在优化乡村中小学办学条件的基础上，合理设置班级容量，按照不同年级的教学特点和要求，分类实施"小班化"教学。在课程教学中，注重学生之间、师生之间的交流互动，采取互动式教学、启发式教学方式，培育学生的学习兴趣与思维习惯，确保每位学生能够拥有课堂展示的机会。

（三）坚持多方主体共同参与，构建协同育人良好环境

针对青少年成长所面临的社会压力与现实难题，要积极发挥学校、家长、社区等多方主体的作用，结合家庭教育、学校教育与社区教育，实现课堂教育与课后实践的相互联动，形成协同育人全链条，营造学生全面发展的良好氛围。一方面，学校教育应注重基础知识的传授与思维能力的培养，以健全学生身心特质为目的，控制课程作业总量，为家庭教育和社区教育创造空间。另一方面，家庭教育和社区教育应注重文明礼仪与公民意识的培养，帮助学生培育社会关系网络，正确处理社会关系中的矛盾与冲突，并能根据个人兴趣开展有针对性的学习与实践。

第五节 发挥教育评估监测作用，研判幸福感提升方向

一、以增强公民信任为前提，提高教育评估监测重视力度

开展基本公共教育服务的评估监测有助于及时掌握服务现状，定期针对城乡教育资源的配置进行调整，以便采取有效措施改善教育质量、缩小城乡教育差距，找准提升农村居民主观幸福感的行动方向。制定科学合理的观测指标，定期对各地基本公共教育服务均等化情况开展评估，一方面有助于摸清教育发展现状与存在问题，客观掌握基本公共教育服务的实施成效与存在短板，检验教育发展规划落地实效，从而为教育主管部门改进教育政策提供数据支持与决策依据，切实提高教育政策的精准性与有效性。另一方面有助于加强教育监督，及时公布教育发展情况，保障公民知情权和参与权，推动教育政策实施的过程公开，实现基本公共教育服务内容和质量的透明化，从而增强公民对教育部门的信任与支持。

（一）开展教育评估监测有助于发挥目标导向与激励作用

在预期设定目标的基础上，明确教育监测与评估的内容，有助于引导基层教育质量提升，为城乡学校改进教育教学工作指明方向。特别是通过设置客观教育成果与主观教育满意度等不同维度的指标，能够明确基本公共教育服务均等化的重要工作环节，加强对基层政府与教育主管部门的工作指导。科学的教育评估监测对于找准工作方向、纠正工作偏误、促进教育良性发展、加强教育管理等具有重要意义，是提高教学质量与办学效益的重要手段。同时，在评估监测过程中持续给予教育教学主体信息反馈，有助于其及时发现问题，了解上级部门的期望与评价，从而激励其不断改进工作方式，提高政策执行效率。

（二）开展教育评估监测有助于发挥教育监督与评价功能

评估监测是上级教育主管部门对下级行使监督权的重要途径，是教育管理中的重要一环。通过测量、对比与评定等级，根据统一标准对各地基本公共教育服务的现状进行价值判断，从而对其发展成果进行总结和评价，并确保国家政策执行到位。同时，通过委托社会第三方评估，定期公开监督结果，也有助于加强社会监督，确保监督过程公开公正，提高评估监测的权威性，实现内部管理与外部监督的互动，增强公民对教育发展的信心，从而提升社会群体对于基本公共教育服务的评价。

二、以夯实教育质量为准绳，有效开展教育评估监测

（一）加强对学校办学条件的评估监测

学校办学条件为教育教学提供物质基础，是提高教育教学质量的重要基石。立足实现基本公共教育服务均等化的要求，应进一步修订完善各级各类学校基本办学条件的评估指标体系，确保城乡幼儿园和中小学满足基本办学条件，提供和谐稳定的教育教学环境。一方面要结合地方经济发展情况与国家基本要求，对包括校舍建设、教学场地建设、教学设备配置在内的硬件条件设置合理的评估标准；另一方面更要注重设置与教学主客体相关的指标，将班级规模、师生比、教师结构等纳入评估监测体系。在监测评估开始前，要制定好考评细则与实施方案，提前成立工作领导小组，落实各单位各部门的主体责任，通过资料抽查与实地走访等形式，收集客观准确的办学条件信息，明确各项指标的计分方法。

（二）注重对教师队伍建设的评估监测

师资力量的配备是提高教学质量的核心举措，定期对教师队伍的构成情况进行监测具有重要意义。要紧紧围绕教师的引进、培养与使用等重要环节开展评估，充分掌握教师队伍的内部结构、教学能力与教学表现。依托各学校及教育主管部门的统计数据，详细了解城乡之间的教师队伍总量与结构差异，包括其总人数与年龄、性别、学历和专业分布，以便判断教师队伍总量与结构的合理性。根据各学校及教育主管部门的工作报告，了解教师专业培训的开展情况，分析教师培训教育体系的合理性。同时，掌握教师校际流动与基层流动情况，特别是要注重对农村地区及民族地区的教师队伍情况进行评估，及时了解其存在的困难与问题。

（三）深化对教育教学质量的评估监测

教育教学质量代表了对教育教学的成果评价，是教育评估监测中的核心内容。为深入推进基本公共教育服务供给侧结构性改革，补齐农村地区教育短板，必须建立全过程的教育教学质量评估监测体系，树立以人为本、全面发展的质量观。既要牢牢把握毕业率和升学率等成果类指标，也要注重备课方式、授课方法、作业布置及批改、课后辅导等与教学过程相关的指标，将平时抽查与年度检查相结合。一方面，紧盯学校人才输送环节，加强对教学客观成果的评估，明确对中小学学生毕业率和升学率的基本要求，对低于统一标准的学校进行深入考察；另一方面，聚焦学校人才培养环节，合理设置教学各环节的指标权重，注重对教学过程的监测，破除"唯分数"论和"唯结果"论，重视对学生身心健康与成长成才过程的考察。

第六节　发挥教育主体互动作用，深化幸福感总体认知

一、以强化多元参与为导向，明确教育互动的重要意义

随着互联网信息技术的不断发展，当今世界已经进入大数据时代，各个领域的信息交互跌宕，人们能够通过传统媒介和新兴媒体等多种渠道获取信息。数字化变革带来的影响十分广泛，这也意味着信息的收集与发布变得更为便捷，这些新的技术信息正在深刻地改变个体参与政治生活的方式。对于

农村居民而言,同样具有多元的政治参与诉求。其中,教育作为该类群体重点关注的话题,亦将对其主观幸福感产生影响。农村居民一方面通过日常与学校教师及教学管理人员的交往互动形成对基本公共教育服务质量的整体看法,另一方面通过线上公共平台所公布的相关信息形成对教育某一方面的具体认知。及时有效的信息交流与沟通有助于破除个体对基本公共教育服务的片面认知,避免因信息不对称带来的各种矛盾和冲突。特别是借助于现代信息技术,将增强农村居民表达自我诉求的能力,进一步推动服务供给与需求的对接。

总体而言,教育互动在提高受教育对象的满意度与幸福感方面发挥着重要作用。一方面,增强教育教学主体与对象之间的沟通联系有助于实现信息交换,便于及时发现教育方面存在的问题和不足,找准解决问题的突破口与关键点,从而确保教育质量得到及时改善;另一方面,实现家庭、学校与教育主管部门之间的互动,便于学生家长及时了解与自身密切相关的教育政策实施与改革情况,从而增进家庭对于政府和学校的信任,减少其对教育方式和教学管理工作的质疑。在互动平台搭建后,不同的育人主体还可实现协同联动。对政府而言,能够提高教育资源的使用效率,提供更为精准的基本公共教育服务;对学校而言,能够提高教育教学质量,探索更加有效的教育教学模式;对于家庭而言,能够充分参与教育互动过程,及时疏解其相关困惑,提高其教育参与感与获得感。

二、以实现信息交流共享为方向,畅通多元主体互动渠道

(一)构建大数据互动平台,及时开展教育信息公示与诉求反馈

在原有教育主管部门官网和学校官网的基础上,进一步扩展微信公众号和小程序的功能开发与设计,丰富教育教学相关信息的发布渠道。加大教育政策宣传力度,通过连环画、短视频和海报等方式,对教育政策内容及实施情况进行动态展示,邀请专家学者和学校教师对群众关注度较高的相关政策进行专栏解读,提高政策的公民知晓度与认可度。加强平台大数据挖掘与分析,对用户检索与浏览数据进行深度挖掘,了解平台用户最为关注的教育问题及相关建议,及时对公众关心的教育问题作出回应,提高公民对政府教育部门的信任。定期总结基层学校在教育教学方面取得的突出成果与经验,利用线上平台加强宣传,发挥其示范引领作用,树立良好的教育品牌形象。

（二）建立多元主体互动机制，打造育人共同体

要进一步明确家庭教育、学校教育和社会教育的不同育人责任，聚焦立德树人根本目标和价值取向，围绕学生成长成才合理设置教育内容，充分发挥主体功能，形成育人合力。学校应与家庭建立密切联系，针对困难家庭与困难学生建立长效追踪机制，明确教师家访相关要求，深入学生家庭了解其成长环境与学习困难，制定"一对一"支持与帮扶措施。教育部门应定期组织开展座谈会、新闻发布会与交流会，听取学校和家长代表的意见及建议，及时公布改革内容与评估结果。同时，可设置各类学校联络人，明确日常信息收集工作要求，对学校在教育教学过程中存在的困难及时给予支持，并及时处理学生家长所关注的重要问题。

（三）营造教育互动场景，构筑教育生态圈

借助线上线下平台，支持地方探索建立"家校互动""政社互动"网络。一方面，针对学校与家庭的互动，集中整合教学资源，构建教学智慧云平台，让家长及时了解学生学习成效与任务安排，定期收集家长对课堂教学及课后实践的意见与诉求，针对不同学生的具体情况设置教育教学重点。同时，借助各类亲子活动的开展，加强教师与家长的沟通联系，激发家长参与活动的积极性，引导教师与家长形成育人共识。另一方面，加强教育主管部门与家庭的互动，通过问卷调查、实地走访与线上留言提问等方式，了解家长对当地教育的关注热点与基本评价，畅通诉求发布与反馈渠道，针对一些群众意见较多和改革困难较大的问题召开专题讨论和座谈会，加强形势研判与情景预判，有效解答和回应家长的困惑。

第七节　发挥教育改革驱动作用，助力幸福感持续提升

一、以高质量发展为主线，提炼教育改革总体要求

改革是事物自我完善与发展的重要动力，全面深化改革是中国社会的现实需求。面向未来，无论是国家教育事业发展的要求还是群众接受更加优质教育的需要，均对教育质量提出了更高要求。从历史经验来看，社会经济结构的变化深刻影响着教育改革的内容，迈入社会经济高质量发展的新阶段，我们需要

一个具有更强适应力的教育模式[①]。从群众诉求来看，对家庭和子女未来更好发展的期望迫切要求获得更高水平的基本公共教育服务，教育改革在提升农村居民幸福感方面扮演着重要作用。为此，必须推动基本公共教育服务均等化水平迈上更高的台阶，通过改革激发学校教育教学活力，提高基本公共教育的服务质量，持续增强农村居民自主发展的核心动力，从而提升其主观幸福感。总体而言，深化新时代教育改革具有如下要求。

（一）坚持改革创新，持续激发教育活力

教育改革已经进入深水区、攻坚区，必须坚持理念创新，围绕教育管理体制和教学育人方式进行变革，适应经济与社会发展带来的人才需求，不断破除制约教育发展的传统观念与体制机制障碍。要坚持系统思维，完善全过程、全链条的教育改革推进模式，围绕教育管理体制、育人模式、办学体制和教师队伍建设等多个方面，有针对性地解决实际问题，不断推陈出新、与时俱进，营造教育事业发展的有利环境。

（二）坚持质量优先，促进人的全面发展

教育改革必须以促进人的全面发展为根本目的，紧紧围绕立德树人基本要求，优先保障教育教学质量。要充分尊重教育教学规律与人才成长规律，着力提升教师专业能力与课堂教学质量，改进教育评价中不合理的部分，重视对综合素质的考察。要聚焦教育领域的短板和弱项，坚持把人民满意作为首要标准，加快缩小城乡教育差距，提高农村学校教学质量，增强农村地区办学力量，改善其基本公共教育服务现状。

二、以幸福感提升为导向，全面深化新时代教育改革

（一）要深化新时代教育评价改革，完善教育评价机制

要坚持立德树人的基本教育方针，贯彻落实《深化新时代教育评价改革总体方案》的要求，综合考察学生的道德品质与学习能力，注重学生爱国情怀、创新精神与健康人格的培养。要破除传统教育评价过度强调分数的弊端，坚持结果评价、过程评价、增值评价和综合评价相结合。在结果评价方面，坚持教

---

① 周光礼. 改革体制机制 推进基本公共教育服务体系现代化［J］. 人民教育，2017（19）：48—50.

师的评价主体地位，合理选择体现学生成长的结果指标，促进学生德智体美劳全面发展。在过程评价方面，充分重视教学的阶段性与系统性，以全周期视角对学生发展进行评价。在增值评价方面，重视学生的成绩增长幅度，特别是在知识增长与能力提升方面，强调个人自我发展的起点与现状对比。在综合评价方面，要结合学校、家长、个人和社会等多方主体的评价，全面掌握教学评价对象的学习情况与综合素质。

（二）要深化考试招生综合改革

持续改进招生计划分配方式，要注重向西部农村地区倾斜，综合考虑生源数量与教育质量，适度扩大农村地区招生比例，提高农村学生进入高等学校特别是重点高校的比重。针对中小学择校问题，需进一步完善中小学招生办法，改革调整学区制，探索实施九年一贯对口招生和义务教育免试就近入学等招生方式。针对高中阶段教育，要合理分配普通高中与中等职业学校在各区域的招生名额，确保农村居民家庭学生能进入高中就读。此外，还应完善招生考试内容，注重学生综合素质与均衡发展，针对不同专业要求分类设置考试内容，统一规范考试加分项目。

（三）要扩大学校办学自主权，完善学校内部治理结构

严格落实依法治校要求，深化教育综合改革，进一步实施简政放权与管办分离，适度下放学校管理权限，探索建立以县为主、县乡共建的教育管理体系，激发学校小学活力。充分保障学校教育教学自主权，鼓励学校探索新的教学模式与授课方式，开展丰富多样的教育教学活动，尊重教师课堂教学改革主体地位，鼓励教师结合专业特征与人才培养要求开发具有特色的教学课程。适度扩大学校人事任免自主权，充分尊重学校在教师聘任中的主体地位，允许学校根据核定的编制数量自主决定教师招聘考核办法，自主内设相应管理机构。落实学校经费使用自主权，允许学校依法依规使用社会捐助资金。完善学校内部治理体系，选配综合素质高的优秀校长，加强学校党组织建设，充分发挥党建引领作用。

（四）要支持和规范民办教育发展，充分整合教育资源

民办教育是教育体系的重要补充，是国家教育事业的重要组成部分。为进一步充实和扩展教育资源，应进一步推进政府购买教育服务，建立健全多元化的公共财政资助体系，拓宽民间资本参与办学的渠道，充分利用高校、科研机

构与社会组织的力量，创新基本公共教育服务提供方式。坚持党对民办教育的领导，明确民办教育的公益性质与主管部门责任，修订完善民办教育相关法律法规。加强民办教育师资队伍建设，保障民办学校教师在职称评审、工资奖励、课题申请与评优评先等方面与公办学校教师享受同等待遇。建立民办学校教师引进流动机制，打通编制内外通道，对符合高层次人才引进条件的教师可纳入事业单位编制管理。

附　录　调查实验问卷设计

高均等化组：
问卷编号：　　　调查时间：　　　调查地点：　　　调查人：

亲爱的朋友：

　　您好！我们是四川大学公共管理学院课题组，目前正在进行一项关于基本公共服务及幸福感的研究，诚挚邀请您参与我们的调查。本次调查问卷采用匿名形式，调查结果仅用于学术研究，确保不会泄露您的个人隐私和资料，请放心作答。每个问题的回答没有对错之分，请根据您的实际情况填写。您的回答的真实性和完整性对本次研究非常重要。

　　对您的支持与合作，致以真诚的感谢！

　　一、幸福感测量

　　请阅读以下材料：

　　近几年来，M镇的经济得到了快速发展，当地政府开始关注到发展基本公共教育的重要性，并且投入**大量的**教育经费来提高该地区的九年义务教育水平。目前，M镇的九年义务教育已实现了**大面积普及**，教师队伍越来越**强大**，通过互联网开展教育的方式被**广泛使用**，接受九年义务教育的乡村学生**明显增多**，九年义务教育巩固率得到**大幅提高**。同时，乡村学校的校园环境和教学质量得到**明显改善**。

　　如果您在M镇生活，总体而言，您觉得您幸福吗？请就您的幸福程度打分_____（此题为填空题，分值范围：1~5分，其中1为最低分，5为最高分）。

二、基本信息（以下为选择题）

1. 您的性别是？

   A. 男　　　　　　　　B. 女

2. 您的年龄是？

   A. 30 岁及以下　　　　B. 31～40 岁　　　　C. 41～50 岁

   D. 51～60 岁　　　　　E. 60 岁以上

3. 您的文化程度（包括目前在读的）是？

   A. 小学及以下　　　　B. 初中　　　　　　　C. 高中/中专/技校/职高

   D. 大专　　　　　　　E. 本科及以上

4. 您的婚姻状况是？

   A. 未婚　　　　　　　B. 已婚　　　　　　　C. 同居

   D. 离异　　　　　　　E. 丧偶

5. 您的健康状况是？

   A. 很不健康　　　　　B. 比较不健康　　　　C. 一般健康

   D. 比较健康　　　　　E. 很健康

6. 请回答您对以下政府部门工作人员的信任程度。

   （1）您信任中央政府吗？

   A. 很不信任　　　　　B. 不太信任　　　　　C. 一般信任

   D. 比较信任　　　　　E. 很信任

   （2）您信任乡镇政府吗？

   A. 很不信任　　　　　B. 不太信任　　　　　C. 一般信任

   D. 比较信任　　　　　E. 很信任

   （3）您信任村党支部委员会和村民委员会吗？

   A. 很不信任　　　　　B. 不太信任　　　　　C. 一般信任

   D. 比较信任　　　　　E. 很信任

   （4）您信任法院吗？

   A. 很不信任　　　　　B. 不太信任　　　　　C. 一般信任

   D. 比较信任　　　　　E. 很信任

   （5）您信任警察吗？

   A. 很不信任　　　　　B. 不太信任　　　　　C. 一般信任

   D. 比较信任　　　　　E. 很信任

7. 请回答您和亲友的亲密程度。

(1) 您信任您的邻居吗？

A. 很不信任　　　　　B. 不太信任　　　　C. 一般信任

D. 比较信任　　　　　E. 很信任

(2) 您信任您的亲戚吗？

A. 很不信任　　　　　B. 不太信任　　　　C. 一般信任

D. 比较信任　　　　　E. 很信任

(3) 您信任您身边的朋友吗？

A. 很不信任　　　　　B. 不太信任　　　　C. 一般信任

D. 比较信任　　　　　E. 很信任

(4) 您与邻居一起进行社交娱乐活动（比如互相串门，一起看电视、吃饭、打牌等）的频繁程度是？

A. 几乎每天　　　　　B. 一个月几次　　　C. 一年几次

D. 一年1次或更少　　 E. 从来不

(5) 您与亲戚一起进行社交娱乐活动（比如互相串门，一起看电视、吃饭、打牌等）的频繁程度是？

A. 几乎每天　　　　　B. 一个月几次　　　C. 一年几次

D. 一年1次或更少　　 E. 从来不

(6) 您与其他朋友一起进行社交娱乐活动（比如互相串门，一起看电视、吃饭、打牌等）的频繁程度是？

A. 几乎每天　　　　　B. 一个月几次　　　C. 一年几次

D. 一年1次或更少　　 E. 从来不

8. 您认为问卷开头的文字材料描述的是什么样的公共教育服务？

A. 高均等化　　　　　B. 低均等化　　　　C. 不知道

低均等化组：

问卷编号：　　　　调查时间：　　　　调查地点：　　　　调查人：

亲爱的朋友：

您好！我们是四川大学公共管理学院课题组，目前正在进行一项关于基本公共服务及幸福感的研究，诚挚邀请您参与我们的调查。本次调查问卷采用匿名形式，调查结果仅用于学术研究，确保不会泄露您的个人隐私和资料，请放心作答。每个问题的回答没有对错之分，请根据您的实际情况填写。您的回答的真实性和完整性对本次研究非常重要。

对您的支持与合作，致以真诚的感谢！

一、幸福感测量

请阅读以下材料：

近年来，M镇城镇的规模不断扩大，人口数量快速增加，当地政府在基本公共教育发展的经费投入上面临巨大的财政压力。和其他村镇相比，M镇的教育预算**有所缩减**。目前，M镇的九年义务教育普及速度比较**慢**，教师队伍数量**严重不足**，并且教学质量**不高**，接受九年义务教育的乡村学生**越来越少**，九年义务教育巩固率**大大降低**。同时，乡村学校办学条件**比较差**，更多学生选择到其他乡镇上学。

如果您在M镇生活，总体而言，您觉得您幸福吗？请就您的幸福感程度打分_____（此题为填空题，分值范围：1~5分，其中1为最低分，5为最高分）。

二、基本信息（以下为选择题）

1. 您的性别是？
   A. 男　　　　　　　B. 女
2. 您的年龄是？
   A. 30岁及以下　　　B. 31~40岁　　　　C. 41~50岁
   D. 51~60岁　　　　 E. 60岁以上
3. 您的文化程度（包括目前在读的）是？
   A. 小学及以下　　　B. 初中　　　　　　C. 高中/中专/技校/职高
   D. 大专　　　　　　E. 本科及以上

7. 请回答您和亲友的亲密程度。

(1) 您信任您的邻居吗?

A. 很不信任 B. 不太信任 C. 一般信任

D. 比较信任 E. 很信任

(2) 您信任您的亲戚吗?

A. 很不信任 B. 不太信任 C. 一般信任

D. 比较信任 E. 很信任

(3) 您信任您身边的朋友吗?

A. 很不信任 B. 不太信任 C. 一般信任

D. 比较信任 E. 很信任

(4) 您与邻居一起进行社交娱乐活动(比如互相串门,一起看电视、吃饭、打牌等)的频繁程度是?

A. 几乎每天 B. 一个月几次 C. 一年几次

D. 一年1次或更少 E. 从来不

(5) 您与亲戚一起进行社交娱乐活动(比如互相串门,一起看电视、吃饭、打牌等)的频繁程度是?

A. 几乎每天 B. 一个月几次 C. 一年几次

D. 一年1次或更少 E. 从来不

(6) 您与其他朋友一起进行社交娱乐活动(比如互相串门,一起看电视、吃饭、打牌等)的频繁程度是?

A. 几乎每天 B. 一个月几次 C. 一年几次

D. 一年1次或更少 E. 从来不

8. 您认为问卷开头的文字材料描述的是什么样的公共教育服务?

A. 高均等化 B. 低均等化 C. 不知道

低均等化组：

问卷编号：　　　　调查时间：　　　　调查地点：　　　　调查人：

亲爱的朋友：

您好！我们是四川大学公共管理学院课题组，目前正在进行一项关于基本公共服务及幸福感的研究，诚挚邀请您参与我们的调查。本次调查问卷采用匿名形式，调查结果仅用于学术研究，确保不会泄露您的个人隐私和资料，请放心作答。每个问题的回答没有对错之分，请根据您的实际情况填写。您的回答的真实性和完整性对本次研究非常重要。

对您的支持与合作，致以真诚的感谢！

一、幸福感测量

请阅读以下材料：

近年来，M镇城镇的规模不断扩大，人口数量快速增加，当地政府在基本公共教育发展的经费投入上面临巨大的财政压力。和其他村镇相比，M镇的教育预算**有所缩减**。目前，M镇的九年义务教育普及速度比较**慢**，教师队伍数量**严重不足**，并且教学质量**不高**，接受九年义务教育的乡村学生**越来越少**，九年义务教育巩固率**大大降低**。同时，乡村学校办学条件**比较差**，更多学生选择到其他乡镇上学。

如果您在M镇生活，总体而言，您觉得您幸福吗？请就您的幸福感程度打分＿＿＿＿＿＿（此题为填空题，分值范围：1~5分，其中1为最低分，5为最高分）。

二、基本信息（以下为选择题）

1. 您的性别是？
   A. 男　　　　　　　　B. 女

2. 您的年龄是？
   A. 30岁及以下　　　　B. 31~40岁　　　　C. 41~50岁
   D. 51~60岁　　　　　E. 60岁以上

3. 您的文化程度（包括目前在读的）是？
   A. 小学及以下　　　　B. 初中　　　　　　C. 高中/中专/技校/职高
   D. 大专　　　　　　　E. 本科及以上

4. 您的婚姻状况是?
A. 未婚　　　　　　B. 已婚　　　　　　C. 同居
D. 离异　　　　　　E. 丧偶

5. 您的健康状况是?
A. 很不健康　　　　B. 比较不健康　　　C. 一般健康
D. 比较健康　　　　E. 很健康

6. 请回答您对以下政府部门及工作人员的信任程度。

(1) 您信任中央政府吗?
A. 很不信任　　　　B. 不太信任　　　　C. 一般信任
D. 比较信任　　　　E. 很信任

(2) 您信任乡镇政府吗?
A. 很不信任　　　　B. 不太信任　　　　C. 一般信任
D. 比较信任　　　　E. 很信任

(3) 您信任村党支部委员会和村民委员会吗?
A. 很不信任　　　　B. 不太信任　　　　C. 一般信任
D. 比较信任　　　　E. 很信任

(4) 您信任法院吗?
A. 很不信任　　　　B. 不太信任　　　　C. 一般信任
D. 比较信任　　　　E. 很信任

(5) 您信任警察吗?
A. 很不信任　　　　B. 不太信任　　　　C. 一般信任
D. 比较信任　　　　E. 很信任

7. 请回答您和亲友的亲密程度。

(1) 您信任您的邻居吗?
A. 很不信任　　　　B. 不太信任　　　　C. 一般信任
D. 比较信任　　　　E. 很信任

(2) 您信任您的亲戚吗?
A. 很不信任　　　　B. 不太信任　　　　C. 一般信任
D. 比较信任　　　　E. 很信任

(3) 您信任您身边的朋友吗?
A. 很不信任　　　　B. 不太信任　　　　C. 一般信任
D. 比较信任　　　　E. 很信任

（4）您与邻居一起进行社交娱乐活动（比如互相串门，一起看电视、吃饭、打牌等）的频繁程度是？

  A. 几乎每天   B. 一个月几次   C. 一年几次

  D. 一年 1 次或更少   E. 从来不

（5）您与亲戚一起进行社交娱乐活动（比如互相串门，一起看电视、吃饭、打牌等）的频繁程度是？

  A. 几乎每天   B. 一个月几次   C. 一年几次

  D. 一年 1 次或更少   E. 从来不

（6）您与其他朋友一起进行社交娱乐活动（比如互相串门，一起看电视、吃饭、打牌等）的频繁程度是？

  A. 几乎每天   B. 一个月几次   C. 一年几次

  D. 一年 1 次或更少   E. 从来不

8. 您认为问卷开头的文字材料描述的是什么样的公共教育服务？

  A. 高均等化   B. 低均等化   C. 不知道

后 记

西塞罗曾言:"人民的幸福是至高无上的法。"从学术史来看,关于幸福感的探索始终是学者孜孜不倦的研究话题。在乡村振兴上升为国家战略的时代背景下,农村居民的幸福感是值得深究的命题,对其展开研究正是回应社会问题、传递人文关怀的体现。在某种程度上而言,实现乡村振兴和社会主义现代化,农村居民的发展和幸福感是最基本标志和底线。只有让农村居民充分享受到乡村振兴的成果,在心理和精神上感到来自国家和社会的公平正义,其主观幸福感才会得到显著改变。

乡村振兴,最终要提升农村居民的幸福感。农村居民的幸福感提升路径既存在普遍性又具有特殊性。影响其幸福感的因素错综复杂,需要长期追踪和调查。本书从人力资本开发和社会发展的角度,以基本公共教育服务均等化作为纽带,重点研究了基本公共教育服务均等化水平对农村居民幸福感的影响,并挖掘其背后的深层原因。通过实证分析,基本公共教育服务均等化和农村居民幸福感之间的正向效应得到证实。其作用机制和内在机理,可能是基本公共教育均等化程度越高,农村居民感受到的教育公平越多,幸福感也随之相应增加。对于产生这种关系的机理,以及其他公共服务均等化对农村居民幸福感是否也存在这种影响,作者将在未来的研究中潜心求索。

首先,本书是教育部人文社会科学规划基金项目"基本公共服务均等化视角下农村居民幸福感提升的路径研究"的重要成果,该项目的资助保障了本书的顺利完成。其次,在本书的写作过程中,许多学者、同行针对本书的框架结构、核心内容、行文逻辑等提出了许多宝贵的建议,为本书内容的优化完善提供了智力支持,笔者在此一并表示感谢。此外,泸州市、宜宾市、自贡市对本研究的实际调研、问卷回收、资料收集等工作给予了大力支持,笔者对相关工作人员的配合和协助表达感激。最后,感谢为本书的顺利出版辛勤付出的四川大学出版社的工作人员,他们在封面设计、编辑校对、出版安排等方面做出了巨大贡献和辛勤劳动。

笔者对基本公共教育服务均等化与农村居民幸福感的关系进行了初步探索，并结合实证研究的结果提出了提升我国农村居民幸福感的路径选择和政策建议，但受限于研究精力、研究经费、知识水平等因素，本书可能还存在一些研究不足。对于在阅读本书过程中发现的不足和错误，欢迎读者及时与笔者进行反馈和交流。在未来的研究中，笔者将重点研究和挖掘基本公共教育服务均等化与农村居民幸福感的内在机理，并拓展研究其他基本公共服务均等化水平对该群体幸福感的影响，不断丰富研究成果和学术观点。